全方位激活大脑潜能

小枝 ／ 编著

最强大脑

拿来就用的超级记忆术

吉林出版集团股份有限公司

图书在版编目（CIP）数据

最强大脑.拿来就用的超级记忆术/小枝编著.--
长春:吉林出版集团股份有限公司，2018.11
　ISBN 978-7-5581-5921-3

　Ⅰ.①最… Ⅱ.①小… Ⅲ.①智力游戏－通俗读物
Ⅳ.① G898.2

中国版本图书馆 CIP 数据核字（2018）第 248498 号

ZUI QIANG DANAO NA LAI JIU YONG DE CHAOJI JIYISHU
最强大脑 拿来就用的超级记忆术

编　　著：	小　枝
出版策划：	孙　昶
责任编辑：	王　媛
装帧设计：	韩立强
出　　版：	吉林出版集团股份有限公司
	（长春市福祉大路 5788 号，邮政编码：130118）
发　　行：	吉林出版集团译文图书经营有限公司
	（http://shop34896900.taobao.com）
电　　话：	总编办 0431-81629909　营销部 0431-81629880 / 81629900
印　　刷：	天津海德伟业印务有限公司
开　　本：	880mm×1230mm　　1 /32
印　　张：	6
字　　数：	120 千字
版　　次：	2018 年 11 月第 1 版
印　　次：	2021 年 5 月第 3 次印刷
书　　号：	ISBN 978-7-5581-5921-3
定　　价：	32.00 元

印装错误请与承印厂联系　　电话：022-82638777

　　良好的记忆是获取成功的基石之一，也是许多人登上事业顶峰不可或缺的重要因素。记忆力的好坏，往往是学业、事业成功与否的关键。在历史上，许多杰出人物都有着超凡的记忆力。古罗马的恺撒大帝能记住每一个士兵的面孔和姓名，亚里士多德能把看过的书几乎一字不差地背诵出来，马克思能整段整段地背诵歌德、但丁、莎士比亚等大师的作品。

　　如今，我们生活在一个信息爆炸的时代，每时每刻都有大量新技术知识和信息问世，而其中的一些知识和信息是我们不得不了解甚至要记住的。然而我们每个人都会遭遇遗忘的问题：写作时提笔忘字；演讲时张口忘词；面对无数英语单词、计算公式总也记不住；走出家门后突然想起煤气没关；到银行取钱却发现密码记不起来；把合作谈判的重要会议忘在脑后……

　　为什么学习那么用功却总也记不住？为什么电话号码、重要纪念日记了又忘？为什么看到一张十分熟悉的面孔却就是想不起名字？为什么连重要的谈判会议都能忘词？你是否对自己的记忆力抱怨不已？你的记忆潜能还有多少没有被挖掘出来？你是否想拥有超级记忆力，成为读书高手、考试强将、职场达人？

研究表明，人脑潜在的记忆能力是惊人的和超乎想象的，只要掌握了科学的记忆规律和方法，每个人的记忆力都可以提高。记忆力得到提高，我们的学习能力、工作能力、生活能力也将随之提高，甚至可以改变我们的个人命运。

本书是迅速改善和提高记忆力的实用指南，囊括了古今中外应用最广泛、记忆最高效的超级记忆术。书中对记忆的复杂机制、影响记忆力的因素、提高记忆力的方法等诸多问题进行了深入探讨，并且介绍了多种有利于提高记忆效率的"绝招秘籍"，不仅告诉你如何记忆名字、数字、日期，还有公式、文章等，并辟有专门的章节告诉你如何学习新语言，能快速开发你的记忆潜能，让你的学习更轻松。这里有理论，更有大量的研究案例；有历史性的回顾，更有前瞻性的展望；有实用的方法，更有哲人的启示，期望你能够在阅读中不断挖掘，进而拥有用之不竭的记忆资本。

目录

contents

第三章
CHAPTER 3

评估你的记忆能力

第八章
CHAPTER 8

不同对象的专项记忆，想记什么记什么

第一章
CHAPTER 1

探索记忆奥秘，成为记忆天才

记忆与大脑

记忆是什么

　　王太太是一家玩具商店的店员，也是一位精力充沛的女士，她有一个安排得满满当当的时间表。她工作做得很好，也从不错过任何一场儿子的足球比赛。最近，她非常吃惊，当她在一场足球比赛上偶然遇到一个熟人时，她竟然叫不上对方的名字。一周之后，王太太走出购物中心时，她竟不记得将自己的车停在了哪里。在此之后的一个月，她发现她已经想不起来她正在读的一本小说中的人物角色。后来，她完全忘记了和一位好朋友约好共进午餐的事。这种恼人的健忘让王太太忧心不已。

李先生是一位工程师，他退休后就把自己的时间全部用于志愿者工作。最近，他记不得上个月他是否给他的汽车换了油，或者刚想起来要去换油。他忘记了要去健身房的事，直到走过几条街后才想起来。他曾把房门钥匙藏在车库，但又想不起来放在了哪里。李先生找他的医生检查，看看他的健忘是不是因为得了什么病。

你或你的朋友也许会有与王太太和李先生相似的经历，你也许已注意到了自己的记忆问题。各种年龄段的人都抱怨自己记不住东西。

这是我们经常听到的一些抱怨（应该承认我们自己也经常说这些话）。

· 我进了一个房间，却不知道要来干什么。

· 我想不起来要问医生什么。

· 我忘记了我是不是已经吃过药。

· 我曾经把我的项链收好了，却不记得放在哪里。

· 我必须要交纳一笔附加费，因为我没有按时交电费。

· 我忘记在旅行时带上我的照相机。

· 我去商店买牛奶，结果什么都买了，最后就是忘了买牛奶。

· 我忘了我姐姐（妹妹）的生日。

如果你曾经有过任何一次这种经历，都应该尝试采取有效措施或训练来提高或改善自己的记忆力。首先，就需要了解一下记忆力是什么，以及记忆力是如何工作的。

记忆为我们提供历史信息。它告诉我们昨天以及十年前我们干了什么。童年的记忆可能会因为听到一首摇篮曲而被唤起，而一段浪漫的回忆在我们闻到某种特殊的花香时会浮现在脑海。记忆用各种各样的线索让我们感觉到我们是谁。

事实上，从一个时刻到另一个时刻，你对所有东西都有一个不变的定义，且可以持续很长时间。就好像你会记得昨晚睡在你身边的那个人就是你早上醒来看到的这个人。

我们能够记住一个人、一个地方、一件东西，或者一件事。设想如果我们失去了这一能力，那么世界将会变成什么样？

随着年龄的增长，我们积累越来越多的阅历，它非常珍贵。有了它，我们可以不必绞尽脑汁去想如何解决问题或者揣测接下去将会发生什么。

经验会告诉我们，我们已经碰到过很多次这样的问题，并且知道事态将如何发展。当我们还小的时候，我们常常认为大人们有魔法，能够预知电视情节。我们不知道，他们已经看过

记忆和智力

智力并不完全是遗传的，其遗传因素仅占很小的一部分。聪明到底意味着什么？ IQ（智力商数）测试是评估智力的，但是我们也不能太过相信这种测试的分数。更重要的是在个人能力和所处环境之间找到平衡。良好的记忆力、平衡的心态、敏锐的判断力、良好的知识储备，这些重要的素质并不能通过 IQ 测试来评估。

许多相似的电视节目。这些节目情节并不能迷惑他们。

由于积累了很多经验，年长的人总不如年轻人的思维来得敏锐、快速。年长的人思考得很慢，但是通常他们并不用深入地去思考问题，因为经验就已经告诉他们有可能的答案。年轻人碰到问题时能够学得更多，他们会归类没有遇到过的问题。

记忆就像你的一个小帮手，它会帮助你找到车钥匙。但是，仔细想想，它的作用远远大于这些。

记忆是个性化的

梦想、思想、行动、姓名、地点、面孔、香味、事实、感情、味道，以及许许多多的东西通过记忆使我们产生意识。它们对于我们的记忆来说有着不同的形态。有时，记忆不是这种形态就是那种形态；而有时它们是一个香味、花纹和声音组成的万花筒。一句话，记忆就如同一张由声音、香味、味道、触觉和视觉组成的网。

当你想要进行信息回忆时，记忆会通过联系走捷径来帮助完成记忆任务。然而，许多研究显示，正是你个人的知识、经历，以及一些事情对你的意义在驱动你的记忆。正是在它的帮助下，记忆有了一定的意义。

"生存还是毁灭，这是一个问题。"大多数人知道这来自莎士比亚的《哈姆雷特》。如果你熟悉这个故事，就知道这句话是

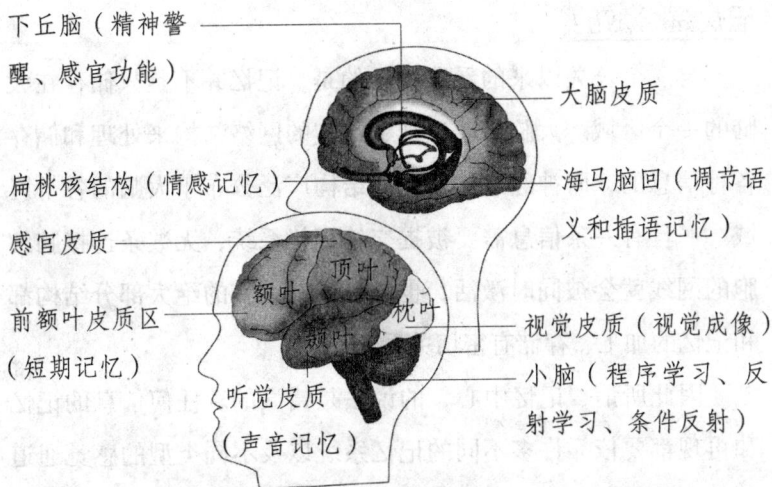

下丘脑（精神警醒、感官功能）

大脑皮质

扁桃核结构（情感记忆）

海马脑回（调节语义和插语记忆）

感官皮质

顶叶

额叶

枕叶

前额叶皮质区（短期记忆）

额叶

视觉皮质（视觉成像）

小脑（程序学习、反射学习、条件反射）

听觉皮质（声音记忆）

★ 一段经历的点点滴滴储存在大脑的不同功能区域中。比如，一件事如何发生储存在视觉皮质，事件的声音储存在听觉皮质。记忆的这两个方面还互相联系。

在一个特定的时刻说的。然而，这句话与你的孩子们第一次说的话或者你的配偶第一次表示他或她爱你相比，就不是那么重要了。你可以想象出一个比莎士比亚作品更戏剧化的场景，因为它是你的。那个地点、那种香水、你的那种感受——当你记起它时，可能产生一种朦胧感而且心潮汹涌。

记忆是我们拥有的最个性化的东西。它给予我们自我感觉。在记忆深处，就是你自己。记忆的运作很大程度上遵循的原则是："它现在或是将来某个时刻是否会与我个人有关？"这种更高层次的记忆就是有时我们所称的有意识感觉。

记忆是分散的

与一个长久以来的看法相反的是，记忆并不是只储存在大脑的一个区域。大脑是通过神经细胞的网络结构来处理和储存各种信息的，而神经细胞的网络结构广泛分布于大脑的各个区域。一旦有一条信息需要被提交给记忆系统，无数条连接脑细胞的网线就会被同时激活，也就是说，大脑的绝大部分结构都和记忆的加工、存储有密切关系。

因此所谓"记忆中心"的说法是错误的。任何信息的记忆和再现都要依靠许多不同的记忆系统以及不同类型的感觉通道（听觉、视觉等）。据此推论，记忆只储存在大脑的一个区域的说法也就无法立足。可以说，记忆是"分散的"，不同种类的记

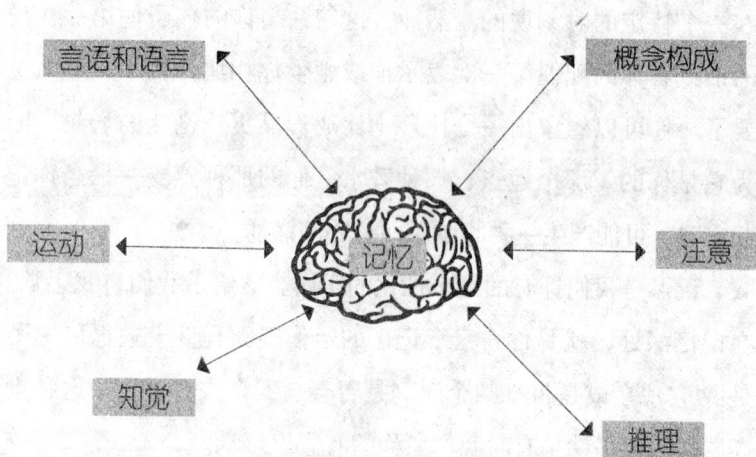

言语和语言   概念构成

运动   记忆   注意

知觉   推理

★ 与记忆有关的几种活动类型

忆各自依靠大脑的不同区域。

随着科学实验的深入以及脑电图技术的进步，目前科学家已逐步发现参与记忆的加工存储过程的那些大脑区域。概括来说包括：

瞬时记忆或短时记忆的加工需要大脑皮质的神经系统；语义记忆需要新大脑皮质对覆盖在灰质外层的两个大脑半球进行调节来完成加工；行为记忆的加工过程涉及位于灰质层之下的结构，比如说，小脑和锯齿状的灰物质块，等等；情景记忆主要依赖额叶皮质，还有海马状突起以及丘脑，这些结构都是大脑边缘系统的组成部分。

神经生物学家们通过研究发现，海马状突起在记忆的加工处理过程中起着至关重要的作用。它位于大脑的里层，属于脑边缘系统，和太阳穴叶平齐，因此它可以保证不同的大脑区域之间相互联系。短时记忆向长时记忆转换时，也就是记忆的巩固强化阶段，需要大脑的不同区域的参与，这一过程中，海马状突起发挥了关键作用。如果一个人的海马状突起受损，将会导致记忆新信息的能力完全丧失，无论是文字、形象还是图片信息。

成为记忆达人的法则

编译记忆的原则

积极的态度和信念

最重要的编译记忆的原则，是你真正相信自己能够学会和记住你想得到的。这种情况下，你的身体会放松并且聚集了所有完成手边工作的能量。积极的态度会产生成倍的效果：它最终改变了你大脑中的化学成分。第一，积极的态度促使多巴胺———一种神经递质产生。就像一台从地基循环取水的抽水泵，乐观促生了多巴胺，多巴胺反过来又提升了乐观情绪。第二，积极的态度有助于产生更多的去甲肾上腺素和另一种神经递质，这种神经递质为你提供了作用于动机的生理能量。第三，建设性的思考可以刺激大脑前叶，有助于进行长期计划和判断。总之，积极的状态远胜过"盲目乐观的效果"，它实际上刺激了你用来学习的大脑。

准确观察

我们大脑中的大部分信息都是无意识的。伊利诺伊州立大学的埃曼纽尔·唐琴博士认为，我们加工处理的超过99%的信息都是没有意识的。为了避免被无数的琐事所轰炸，人类的大脑有意识地只关注那些被认为是重要的信息。我们尤其关注那些威胁到我们生存的事物。当我们每分钟随机感知数以百万的信息量时，我们确定要记忆的信息必须有意识地被提示给记忆系统。这里动机在起作用。不管你是否真的感兴趣，积极主动地集中注意力能更好地储存和恢复记忆。

你观察、听到和思考的事物越多，记忆的可溯源就越深。注意闻一下是否有些气味存在，如果有就在心里默默记住。听一些平时不容易注意的事物——背景噪音的变化或音量的增减。写下那些特别有意思或重要的信息；绘制图画、图标或标出数字来说明一个要点；检查你确认的感知是否准确。闭上眼睛想象你所听到的。在脑海中回想这些信息并用你自己的语言重新组织。你潜心感受得越多，初始记忆的编码就会越强。

考虑背景因素

编译记忆的另一个关键因素是考虑背景。背景则意味着更宽泛的模式——输入的意义、环境、原因。当我们第一次关注大幅图画时，所有的细节问题更关键，知道了图画是怎样组合在一起后，我们就可能理解和记住信息。例如，想一个拼图玩具。通常的方法是通过比较方框中的图片来确定邻近的部分。想象一下学习一项新的运动，比如，你亲自打了比赛，并且得分了之后才会记住"标准杆数"等高尔夫中的专业术语。同样，当你一遍遍试着击球到400码（约为366米）远时你才能确切地领会到这一距离的实际意义。

B.E.M 原则

缩写词 B.E.M 表示开始、结尾和中间。你接收信息时很可能按这一顺序来记忆。换句话说，更容易记住的是开始时接收的信息；接下来是结尾接收的信息；最后记住的才是中间部分。

为什么会这样？研究者推测在接收信息的开始和结尾时存在着一个关注偏见。开始时固有的新奇因素和结尾时感情释放在我们大脑中酝酿产生了化学变化。因而，如果你想记住中间部分的信息，就应当运用一个记忆方法并且给予这部分特别的关注，以确保对它们进行更牢固的编码。

主动学习

通过一个练习的形式我们可以更好地理解主动学习的概念。因此，思考下面两组序列：一组数字和一组字母，花几秒钟来记忆每一组。

1492177618121900191719631970

NASANBCTVLIPCIAACLU

一般来说，大多数人都会费时来记忆这些抽象的数据，除非他们运用记忆术——我们就打算运用它来记忆。这次，我们将它们分成3、4个一组再浏览一遍，使之在某种程度上让你印象更深刻。用视觉图像或联想的方法将数据中的小块相互联系在一起完成记忆过程。例如，你可以引用历史中一个著名的数据（哥伦布开辟欧洲新航线的时间）"1492"，将开头4个数字联系在一起；然后，你通过另一种想象把它与接下来的一组数字联系起来。在这里，虽然是为了易懂提供了两组显而易见的例子，但事实上，你的确可以运用这种联想记忆法记住任意次序的字母或数字。

你刚才所做的实际上就是"主动学习"。当一个人处理信息，或者被要求来解决一个与之相关的问题时，他可以通过多种记忆方法来编译信息，以此增加恢复记忆的机会。加工处理新的信息可以在你大脑中产生更多联想并且巩固已有的联想。这里有一些可靠而真实的策略：

（1）讨论新的知识。

（2）阅读新的知识。

（3）观看一部相关的电影。

（4）将信息转化为符号——具体的或抽象的。

（5）运用新术语和概念做一个填字游戏。

（6）写一个主题故事。

（7）绘制相关的图画。

（8）分组讨论新的学识。

（9）在头脑中描述新的学识。

（10）编一些相关歌曲。

（11）将身体运动与新学识联系起来。

分块

正如前面所述的主动学习的例子，复杂的题目或一长串信息元可以分成易掌握的几块来理解和记忆。例如，电话号码、信用卡、社会保险号总是被分成 2 ~ 4 个数字一组以便于记忆。有意识的大脑一次一般只能处理 5 比特的信息量，而这一数量又与学习者的年龄和已有的学识有关。一般说来，1 ~ 3 岁的婴幼儿一次只能记住一块信息；3 ~ 7 岁的孩子可以记住两块信息（或根据指导一步步来）；7 ~ 16 岁的孩子能记住三块信息；大于 16 岁的则通常可以掌握四块或者更多信息。

不管你的年龄有多大，将抽象的信息分成易掌握的几块能够增强你的记忆。这里还是前面主动学习练习中用过的两组相同的数据，只是这次我们把它们分成几块。当然，没有正确与不正确的次序之说；唯一重要的是它们对你是否有用。我们已经使用了一些简单例子来说明，接下来的方法将教你怎样对那些提示不怎么明显的信息进行联想。

我们现在将上文中那个主动学习的例子分成下面的几块，以便更有效地进行记忆编码处理。

1492，1776，1812，1900，1917，1963，1970

NASA，NBCTV，LIP，CIA，ACLU

加入情感

不论何时，一个人情感的加入，在很大程度上可能对事件形成更深刻的印象。激动、猜疑、恐惧、惊奇，或者任何其他强烈的情感都能刺激肾上腺素的产生。举个例子，如果你作为贵宾出席一场令人惊诧的聚会，那么你会感觉到情感对记忆的影响力。在这样一个时刻，这个活动会因肾上腺素的释放，大脑情感中心而变得记忆犹新，从而也促进了编码和恢复记忆。

你4岁时，有人恃强凌弱从你身后鬼鬼祟祟冒出来，将一条蛇放到你身上并大声恐吓，这种事情在发生的那一刻使你留下了深刻的烙印。为什么？因为强烈的恐惧感刺激产生了肾上腺素——使身体产生免受畏惧和惊吓的生存反应。一条蛇或以后类似的刺激物使你余生中可能会有相同的自动反应——无意识的。如果这导致了令人讨厌的恐惧症，（在治疗中）这种强烈的编码将被重新组织。然而，由于恐惧感使人印象深刻，我们通常要推荐一个资深医生来给予治疗。

寻求反馈

"你看到了吗？"无论何种情况，当我们见到一些不寻常的事物时，我们的反应或者是不相信，或者是和别人核实。这是一个聪明的策略。你要确保自己的所想、所见、所闻是真实的。寻求反馈是一个自然且基本的学习手段，它有助于我们在形成不准确的记忆之前将假象减小到最低点。反馈的过程有助于增强我们的感知，从而增加记忆事物或刺激物的可能性。反馈来源于多种形式。提问是其中之一。即便答案并不恰当，个人对信息的涉入也能加深编码。

增强记忆力的原则

获得充分的睡眠

研究表明,白天学习时间越长,夜里做梦可能就会越多。快速眼动睡眠,可能是学习的一个巩固期。快速眼动睡眠占据我们整个休息时间的25%;也有人认为它对睡眠是重要的。这个假定有事实支持:大脑皮层的一部分被认为在长期记忆过程中起关键作用,而其在快速眼动睡眠期间是非常活跃的。其他的研究表明,快速眼动睡眠中老鼠大脑的活跃方式与白天学习期间大脑的模式相似。亚利桑那大学做白鼠研究的布鲁斯·麦克诺顿博士认为,在睡眠过程中,海马体仍然处理着脑皮层传送来的信息。关键的"停工期"通常在睡眠最后的1/3时间(凌晨3~6点)出现,它可以使好记忆与差记忆呈现出差别。

进行间歇学习

加工处理期是为了在脑中建立更好的连接。这就是间歇过程中可以进行最成功学习的原因——学习、休息、学习、休息。研究表明,应依照学习材料的难易程度与学习者的年龄,每学习10~15分钟之后应确定一定的停工期,而这种有效的规则对于增强记忆是至关重要的。

让信息变得重要

维持记忆的另一个重要因素是人对信息重要性的划定。有关这个原则的一个很好的例子,是那些总是忘记写作业的学生,却记得自己最喜欢棒球队中每个队员的击球率。想想每天对我们进行狂轰滥炸的电视广告，你会记得多少？你又能记住多少时时响起的电话号码？可能你什么也不记得——也就是说，除非你正在专门查找一条广告，那么你会刻意记住它。回想上次你被介绍给你真正喜欢的人时，你是不是不止一次询问他的姓名？信息对你越重要，你越可能记住它。

运用信息

练习一直是最好的老师与教练。重复练习能够增强记忆。当大脑吸收了新的信息时，细胞间就产生了一种关联。这种关联在每次使用时都会得到加强。初始学习之后复习10分钟可以巩固新的知识，48小时后再复习一遍，7天后再来一次。这种循环可以确保一种牢固的联系。看照片是另外一种增强记忆的方法。大学时的一些记忆是否已消失？通过留言簿里泛黄的纸张和幽默的留言，我们可以回忆起那些面孔、名字以及共同的冒险经历。

牢固地储存信息

我们需要不同的记忆存储设备。便条、名单、电脑、档案、特意放置的物品和日历都可成为支持我们记忆的工具。它们中的每一个都有着同一目的：为帮助记忆恢复提供"牢固的副本"。依靠这些外部的记忆设备，我们很少会产生错误的回忆。把我们忙碌生活中的重要记忆留在每一个地方是加强记忆的策略性方法，即使是仅仅写下想要记住的事也能加强你的记忆。

养成习惯

大多数人都是无意识地养成一些习惯的。这些习惯可能是把我们的桌历翻到一周中恰当的一天，把便条放在醒目的地方，标记出我们要带去学校或工作的东西，等等。这里的策略是有意识地在生活中养成习惯以减轻记忆的负担。比如，当你走进屋子时总是把钥匙放在同一地方——靠门近的地方。一旦意识到自己的习惯，你就可以利用它们把要记住的信息联系起来。例如，你可能把自己要记得带去工作的书与钥匙放在一起，在你例行其事的时候，就不需要刻意去记忆。

第二章

记忆的程序和类型

记忆的程序

记忆的运行

　　记忆的运行过程会牵涉到整个身体的参与，它的每一个步骤都需要感觉、认知和情感的参与。因此，感觉和知觉对记忆来说，就像推理和思索一样重要。

　　飞机上的黑匣子会记录并保留机长和地面控制台在整个航行过程中的对话，以便需要时提取有用的信息，记忆的形成与之类似。它包括接收信息、保持信息的完整性、在需要时再现该信息三部分。但是，这三部分的顺利进行要依赖于一些在现实中实际上很少能遇到的条件。

接收信息以及从记忆中再次提取信息是大脑的一个十分复杂的运转过程。对信息的接收、编码、整理和巩固是这个过程的必要步骤。了解记忆这个奇妙的运行过程，对充分发挥记忆的潜能非常有用。

接收信息的要素

接受信息首先要求感官——视觉、听觉、嗅觉、触觉和味觉有效地发挥功效。一般情况下，记忆信息所出现的问题都可以在检查信息进入"黑匣子"的方式之后找到原因。如果看不清楚或者听不清楚，就无法清楚地记忆。事实上，如果你的感觉不够灵敏，你是无法记住任何信息的；所以不要归罪于记忆力，而应该训练你的感觉器官。

良好的感觉系统也不能代表一切。另一个重要的因素是集中注意力，这是由诸如兴趣、好奇心和比较平静的心理状态决定的。有效地接受信息取决于拥有正确的思维模式。

19世纪90年代，一些发明家（包括托马斯·爱迪生）在记录音像方面取得了成功。但是真正成功地完善了用胶片捕捉动作系统的人，还是要数法国人路易斯·卢米埃尔，如今我们的照相机依然保留着他所发明的图像捕捉方式，只是在每秒钟所捕捉的图像数量上有了变化：从过去的16个变成了现在的18个。

信息的编码和整理

你所接收的所有信息会先被转化成"大脑语言"。这是一个被称为编码的生理过程，在这一过程中信息被输入记忆系统。在编码过程中，新的信息和记忆中已存储的相关的部分放置在一起。它会被分给一个特定的代号：可能是一种气味、一个形象、一小段音乐，或者是一个字——任何标记符号都可以，只要能够使这个信息被重新提取。如果一个词"柠檬"被用"水果""有酸味儿""椭圆形"或是"黄色"来编码，那么当你不能自发地回忆起这个信息时，这几个特征中的任何一个都可以帮助你回忆起它。如果你接受的信息属于一个新的类别，大脑会给它一个新的代号，并与记忆已经存储的信息类别建立联系。信息再现的效率取决于大脑对这条信息的编码程度，还有数据的组织情况和数据之间的联系。这个过程需要利用人脑对过去的丰富记忆做基础，对每个个体来说，这个过程都是独特的，而且它的进行方式也是不同的。尽管如此，信息编码的潜能还是要受到大脑接收信息能力大小的限制——一次最多可以对 5 ~ 7 条信息进行编码。

此时，信息的性质就从一种从外界接收的感官信息，转变成了一个心理映像，也就是大脑受到某种行为刺激而形成的转换过程的产物。然后，这条信息就会被保存在记忆里。

短期记忆主要是一些日常生活中的事情，这样的记忆只需要保留到任务完成即可——比如说购物、打电话等。

普通记忆，或者叫中期记忆，对需要一定程度的注意力的信息发挥作用。我们对这些信息感兴趣，并希望把它们传递到大脑中。个人能力、时间段，还有信息所包含的情感因素，都会影响到普通记忆的多样性。普通记忆是生活中频率最高的。尽管如此，它的潜在容量却无法预测，没有人知道它的极限是多大。

长时记忆会在我们不自知的状态下，不需做任何额外的努力就能把一些信息铭刻于心。通常，能产生强烈情感的事件是形成无法磨灭的记忆的基础。它们内在的情感性使我们倾向于向别人讲述，而这个叙述的过程会将记忆巩固并存储到大脑的更深处。我们并不受这些深层的记忆所控制，这些被埋葬的记忆表面上似乎被长久地遗忘了，事实上却会在任何时刻重现脑海：出现在梦中或是被某种气味唤醒。

巩固

有些信息由于自身所附带的强烈情感因素，会在记忆中自动留下难以磨灭的印象；而有些信息，如果你想把它们保留得久一些，就必须用一些方法去巩固它们，而这种巩固的过程需要存储信息时进行良好的组织工作。一条新的信息首先必须被划分到合适的类别中，就像你把一个新的文件放进一个文件柜时需要做的一样。至于把它划分为哪一类，就要看你个人的信息分类标准——按照意义、形状等，或者被包含在某个计划、故事中，又或者是所能唤起的联想。举个例子，"文明"这个词，作为"文化"的义项可以被划分为"名词"的类别，但是作为"社会发展到较高阶段"的义项又可以和形容词建立联系。

不过你也可能会用别的分类方式，因为没有任何人会对同一条信息采用同一种分类方式。

当你把新的文件归档时，很可能会把它放在其他已存的文件的前面；同样，处在不停变动中的记忆库会把新的信息储存在旧的信息之前，这样的过程不断重复，越来越多的新信息被存储，最终，"文明"的文件将会被彻底地覆盖。只有在你再次使用这个词时，它才能回到文件夹的最前面；否则，它将被转移到文件夹的最后面，就像其他被遗忘的信息那样。所以为了确保信息得到有效巩固，仅仅组编数据还不够，在最初的 24 小时之内必须重复信息 4 ~ 5 遍，之后还要有规律地重复记忆，这样才能避免信息被遗忘。如果信息的重复工作得到很好的实践，我们就可以随时根据需要从记忆中提取完整的信息。

注意力和回想

我们经常会抱怨自己的记忆力太差，而事实上出错的通常是我们的注意力。当我们注意到某个物体，并给予特别关注时，全身的智力和才力都会被调动起来，经过大脑一番精密的操作过程之后，我们所感知到的物体形象才能被记录进记忆中，并且能够在需要时再现。

注意力概括分析

一个人接收信息的方式受他的教育背景的影响，但是同时也取决于他的性格、个人兴趣还有世界观。以下对注意力所做的概括分析，虽然是传统的分类，但还是能够显示出个体的注意力之间的差别。

极度注意细节的人会表现出过度关注事物的行为：任何事物都会引起他们的兴趣；任何东西都可以，确切地说是必须被记住，哪怕是冒着记忆过度、塞满许多没有价值的信息的危险。这类人不加选择，总是投入相同的注意力。

符合上述描述的人通常会追求完美、拘泥小节，而且天生赋有良好的记忆力。他们会让你注意到自己的套衫衣领上的一点儿绒毛，或者是清楚地记得你觉得并不重要的事情的每个细节。而且他们还会期望别人也和他们一样不加选择、毫无遗漏地记忆。这类对所有的事物都投入注意力的人，通常会有一个庞大的信息存储库，但是他们很少会使用到这些信息。对他们来说，大部分存储的信息是没有用的，因为他们很难发现真正能够吸引自己的事物。

对特定领域有强烈兴趣的人，将他们的注意力集中在一个或几个吸引他们的方面。这类人的注意力得到了很好的利用，并被有效地施展在他们真正感兴趣的事物上；至于不感兴趣的方面，他们基本上不会关注。关注特定领域的人经常会力图向别人表现自己在这个领域知识的渊博。他们的注意力具有选择性，但是集中程度很高，他们的记忆也是如此，专而精。

粗心大意的人一般不会关注周围的环境。他们看起来总是在不切实际地幻想，因而经常会丢东西，或是忘记做事；他们也不会真正听从别人的建议，因而可能会忽视世俗常规。对周围环境的忽略是和对自我的过度关注紧密联系的。这类人对任何事物都不会深入了解，保存的记忆也多是杂凑的，充满自我影子的。这种现象在一些成年人身上表现得比较明显。

你可能在上面这几个类别中都能找到与自己某方面吻合的特征。最重要的是保持灵活多变，既能够对自己感兴趣的特定领域集中注意力，同时又能思想开明，善于适应新的要求和挑战，这样才能保证对信息的成功记忆。

注意力的助手

仅仅主观希望集中注意力是不够的。回忆一下，在学校里，你觉得有些课你确实是听得非常认真，但是事实上你什么都没记住。过去，你曾经拼命想要记住物理定律，却没有效果。你怎么解释这些问题呢？

在 88 岁的时候，法国探险家保罗·艾美尔·维克托这样解释他依然精力充沛的秘诀："在我没有将我那有限的精力计划分配到第二天的活动中之前，我是决不会睡觉的。"通过每天进行有限而又高效的活动来保持自己的兴趣，这位年迈的探险家实际上发现了能让注意力高度集中的关键因素。当然还有其他的一些影响因素，但只有这些因素的协调统一才是注意力高度集中的保障。

兴趣　它能够触发注意力的开始。任何不能吸引你，或是不能引发某种情感的事物，都无法引起你的注意。

个性　容易受到焦虑和紧张影响的人会有想法过多和精力分散的困扰。心不在焉是个不利因素。开明的思想和乐观的态度是能够集中注意力的最好前提。

乐趣　能够产生乐趣的事物会受到人们更多的关注。

动机　要达到某个目标，要成功，或是要发挥自身潜力，这些心理期望都会使我们自动地增加注意力的投入。

警惕或冷静　紧张的警觉状态能够使注意力持续集中一段时间，而且可以毫不疲倦地关注新的事物。

好奇　这会提高注意力。对自己的环境和生活较好奇，就

测试你的注意力

进入这个曲折的迷宫中，集中注意力尽可能快地出来。

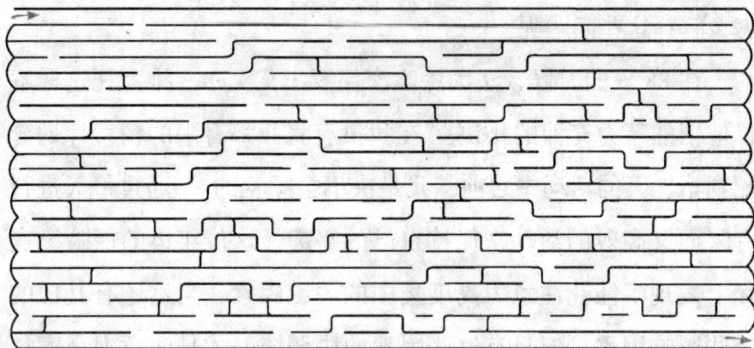

★ 迷宫游戏虽然看上去像是儿童游戏，却是训练注意力的一个非常好的方式，因为这个游戏需要高度的注意力和抗干扰能力。另外，这个游戏也有助于锻炼我们的视觉空间能力。

会集中注意力。

专注 这会使你的注意力能够集中在选择的目标上，而不会轻易被他物转移。需要注意的是注意力也有它的极限。在注意力能够集中的时间方面，我们每个人各不相同；即使同一个人，在生命的不同阶段，这个因素也是不同的。

情绪 积极和消极的情绪都能提高注意力，害怕忘记一个极小的信息，会驱使你对它投入极大的关注。

环境因素 当周围环境有利时，没有听觉或视觉的干扰，注意力会得到增强，可以专心致志地关注目标。

这些因素中有一个不存在，注意力就无法达到最完美的状态。

注意力的分散

环境不可能总是让你可以轻易地保持高度集中的注意力。想一想日常生活中我们遇到的困难：疲劳、紧张、某些治疗造成的后遗症、糟糕的生活方式、疾病……这些都是注意力集中的初级障碍。如果你不能处理好这些小问题，那么更为严重的障碍将会在暗中以一些特定的行为方式来造成不好的影响，而且这种危害会无限期地延续下去。

如果你对环境不投入足够的关注，注意力被切断，不能被激发的现象就会出现。出于各种原因，我们不能充分利用我们的"注意力资源"。

注意力利用不足主要是长期缺乏努力造成的。懒惰潜伏到一定时间，就会损害到我们投入注意力的能力，因此注意力就会很难被激发。这可以解释为什么在完成学业多年之后，如果要重新开始学习，就需要接受训练，再次适应学习的规律。

注意力缺乏专注性，无法集中的成因是注意力的利用不足。如果你没有将注意力集中在某物的习惯，那么要让注意力集中就会更加困难。

好奇心、愿望和计划性的缺失可能是注意力最大的敌人。当你需要实行某个计划，或是非常希望实现一个愿望时，这些心理因素和对周围环境的好奇心一起将会成为保持注意力高度集中的最好保障，最终会使信息记忆高效快捷。

回想

回想是将信息由长期记忆转变为工作记忆意识状态的过程，其实就是指再现已经提交给记忆的信息。

通常就是在记忆过程的这个阶段，人们会遇到问题，体会到那种话到嘴边却说不上来的恼怒感觉。信息明明已经储存在记忆中，就是无法再次提取——哪怕你无比确定你肯定是知道它的！

经验之谈是最好不要强迫自己去回忆，等过了一段时间（或长或短），当一些与你想回忆的信息有联系的东西凑巧被你注意到时，你就能够回忆起它了。

按照要求回忆信息的条目，被称为自发性回忆，比如说

记忆和电影

你很喜欢去电影院或者在电视上看电影，但是却怎么也想不起来刚刚看过的情节，即使当时看的时候觉得非常有意思。遇到这样的情况，不要担心，这是很正常的。当观众时，你只是在被动地接受信息，重要的感官系统基本上都没有得到锻炼。要是真的想记住电影的情节，在电影开始播放最后的致谢名单时，就应该开始积极地记忆：总结电影的情节，回忆你喜欢的或是让你印象深刻的场景，评价各个角色在剧中的表现……还有，不要忘了跟你的朋友们一起讨论这部电影。

迅速说出《伊索寓言》中三个故事的题目。而在你被要求说出三个分别讲野兔、老鼠和狐狸的故事时所进行的回忆被称为触发性回忆。这几个动物，先是在信息的编码过程中起到建立联系的媒介作用，随后又在信息的回忆过程中起触发器的作用。

记忆所包含的情感因素越多，附带有个人联系的显著细节就越多，这样能用于触发回忆的线索就会越多。你能够记住更多你个人生命中发生的大事的生动细节——入学、作文获奖等，而正是这些细节，极大地丰富了你的短时记忆。

当你从所给的几种可能性中准确无误地选出答案时，认知过程也在发挥着作用。举个例子，《野兔与鹳》《狗和狼》《狐狸和乌鸦》，这几个故事中哪一个是出自《伊索寓言》？

触发性回忆和认知过程带来了更好的结果：能够回忆起更多的信息，而且这些信息的生动性和准确性也大大提高了。

遇到拼命回忆也想不起来某个信息时，质疑为什么信息会被暂时忘记是没有用的，还不如看看记忆信息时所用的方法更为实际：信息是否得到了良好充分的处理，以确保它被有效地传递到记忆库中。如果这个过程没有做好，那么作为触发器的线索就不能确保信息通过简洁迅速的途径被回忆起来。

　　绝大多数有关记忆方面的疾病，主要都是由于不能按要求记住信息。然而事实上，我们在巨大的记忆库中找到一条信息并将它记住的能力是非常惊人的。

　　有两种方法可以让你取回长期记忆中的信息：认同和回忆。

　　认同是对信息的理解，它可以作为你已知的某事或某物出现。例如，当你听到她提到一个名字时，你知道这就是你朋友儿子的名字，但你自己却记不起来。

　　回忆是一种自发搜索你想要的长期记忆信息的行为。例如，你想在会议上谈论你的客户，你就需要在你的记忆库中搜索他的名字。

　　在大多数情况下，认同比回忆容易得多。当你说"我记不起来"时，通常你的意思就是："我想不起来。"

　　如果在会议上你想不起来你们客户代表的名字，但当你听到这个名字时，你也许会很容易认出它。

　　想起一档特别电视节目的名字也许很难，但当你在当地报纸的电视节目单中看到它时，你会很容易识别它。

由于你需要在成千上万条信息中找到一条信息，因此，对信息的回忆是有难度的。

有时候，一个提示可以使你想起某条信息。提示可通过一个事件、想法、画面、词语、声音或其他可以获取长期记忆信息的事物。例如，当有人提示你一部经典电影的名字时，你可能就会想起电影中的演员。这个具有引发作用的信息，即电影的名字，就是一个提示。

人们常说："我记不住一些人的名字，但我永远忘不掉一张脸。"

我们很容易就能记住一些人的脸，这是因为它们可以通过认同来呈现它们自己。记住了许多人的名字，就涉及了长期记忆中信息的回忆，因为脸只是一个提示。

当我们正在搜寻一个名字或一条信息时，我们会想到一些相关的事情，这些事情就可能作为提示并且常常会引发出那些想要得到的信息。例如，如果你想不起来你在暑期班中学习的课程，你可以回想一下上课的地点、和你一起上课的人，以及你曾学习过的其他课程。

必要的重复

如果强烈的情感可以保证个人经历永远刻印在记忆中，那么，学习复杂的、中性特征的东西就更需要持久的努力和不断重复。

为了分析而重复

为了记住一列词、一个人名或一个电话号码，我们会以自觉的方式去重复。通常我们会把它们写在记事本上，以便需要的时候查找。这种简单的重复，被心理学家称为"维护性自动重复"。

很少情况下，我们重复有关信息是为了更好地将其巩固在长期记忆中。因为直觉告诉我们，简单的重复对长期记忆并不十分有效。所以，我们通常不仅需要重复记住某个东西，同时还要对其进行深入分析。这种形式的重复被称为"加工性自动重复"。

例如，为了记住澳大利亚和塔斯马尼亚的一种哺乳动物鸭嘴兽的名字，我们可以多次重复。但是如果我们看过鸭嘴兽的图片——它拥有鸭子的典型嘴巴、扁平的尾巴——将更容易想起它的名字。

已经有许多实验验证了第二种方式更有效，因为我们在重复的同时进行了分析，对信息进行了思维组合、心理成像或深刻的感觉体验……

适量地重复

为什么即使拥有出色的记忆力，也要注意应分步骤进行学习，特别是需要长期记住某些东西时。以下是一个关于重复影响记忆效果的例子。

乌鸦先生，在一棵树上休息……

为什么，在拉封丹的《乌鸦和狐狸》中，我们对前面的诗句比对后面的诗句记忆更深刻？原因很简单：我们最先用心学习了第一个诗句，然后是第二个诗句……总是在重复第一个诗句后，再进入第二个诗句，然后总是重复前两个诗句后，再进入第三个诗句，如此这样继续下去……当我们学到最后一个诗句时，第一个诗句已经被重复了至少十几次。因此，留在我们记忆最深处的还是第一句，而最后一句我们通常无法想起——即使我们可能在听到或者重新阅读它的时候辨认出来：

> 乌鸦先生羞愧不已，
> 对天发誓，今后再也不会上当受骗了，
> 但为时已晚。

　　上面的例子还显示出另一点，但极少有人会注意到，对一条信息的每一次回忆都构成了一次新的学习。因此，在一个令我们着迷的领域，表面上我们似乎从来都没有努力学习过，而事实上，在许多场合我们对知识进行了重复和深化。例如，孩子们常能认识那些名字较难记的动物，因为他们总是能遇到这些动物，它们常在电影中、电视上、书中出现或者以玩具的形式出现。

如果重复得过多，是否能更好地记住

　　如果重复得过多，是否就能更好地记住呢？不是，因为增加学习的时间或者重复的次数，不足以获得良好的效果。必须选择适当的学习节奏，最好分几个时段而不是一次性实现（尤

其是学习复杂的知识），每个时段之间需要有一定的间隔，而不是在极短的时间间隔内连续学习。如果我们希望为生活而学习，而非为考试而学习，那么更应该注意这些。

我们能否更精确地指出最适用的节奏？某些研究人员，比如加拿大心理学家约翰·安德逊，试图通过数学函数描绘出学习和遗忘的过程，并衡量投入学习或者遗忘所需的时间。根据获知过程画出的曲线图常常是持续而快速的，开始时是飞跃进展，之后是缓慢的巩固过程。根据遗忘过程画出的曲线图表明先忘记一大部分，之后遗忘得就越来越少了。

但是，正如我们所知道的那样，面对同样的任务每个人的学习节奏是不同的，而同一个人对不同的任务学习节奏也不一样。因此，每个人应该找出适合自己的节奏。

双重编码

大脑由两个半球组成，它们各自以不同的方式发挥作用，同时又相互协作。

"我把钥匙放在哪了？"

这个日常生活中常见的问题能调动大量的记忆资源。我们"看见"钥匙，感觉它就在手中，并在锁眼里"转动"，我们尽力回想当时的环境背景和准确时间，以及和别人的谈话，有时同时进行的其他事情会干扰我们对放置钥匙的常规记忆。

用神经心理学家的话来说，对这样的任务我们既需要情景记忆，也需要语义的、程序性的记忆。尽管所有回想起来的信息——视觉的、口头的、语义的、行为的——都与"钥匙"有关，但它们是在大脑的不同区域里被处理的。借助神经元环路，这些联系才得以在两个脑半球中被激活。

脑半球的分工和协作

当我们学习或者回忆语义信息时，例如一组词或者一首诗歌，由左脑半球的记忆系统负责。而当信息具有视觉的或空间的属性时，右脑半球将参与进来。例如，当我们记忆一条路线或者辨认一张面孔时。每个脑半球处理信息的编码方式不同。

视觉信息和口头信息

功能核磁共振图像技术使我们可以看到在执行给定任务时大脑的活动区域，通常右侧海马脑回负责通过视觉辨认面孔，

大脑的可塑性

我们对大脑功能的许多认识都来源于对疾病的研究。受损的大脑区域可以帮助我们对引起大脑损伤的功能障碍进行研究。在脑病例中，患者最初多进行颞瓣（海马脑回中）内部双边切除，以根治难医的癫痫，使病人手术后不记得新近的事情。

相反，当两个脑半球中的一边受伤或者被切除，另一边通常能够以近乎正常的方式保证日常生活所需的大部分功能。除非进行精确的测试，才能体现出某些能力的缺失。

而左侧海马脑回用于搜寻对应的人名。为了确定名字和面孔的对应关系，需两边进行活动。

然而，应该注意两个脑半球也有其相对独立性。在大脑一边受损的情况下，另一边脑半球几乎仍可以保证正常的记忆功能。

分析处理和总体处理

另外，根据某些经验，"口头"和"非口头"的区别并不总是足以解释两个脑半球各自扮演的特殊角色，它们的专门化可能并不只是与信息的属性有关，而且还与信息如何被处理有关。左脑半球可能负责分析和暂时的处理，以逻辑的方式或者根据表达的意思将信息分类。而右脑半球可能进行一个总体处理以建立空间关系，或者根据形态和感情的指示将信息分类。

无论如何，我们经常要求两个脑半球同时参与。依赖于双重编码的记忆会更有效，因此，阅读是最好的学习方法之一。

语言：左脑半球负责管理，右脑半球负责补充

几乎所有的右撇子和大多数的左撇子，都是由左脑半球掌控与语言相关的精神活动。但是，右脑半球也能够记忆简短的词汇，特别是有着具体意思能引起强烈的视觉图像或者负载着感情的词。一个词或者一句话的表面意思由左脑半球负责，而对其隐喻意的分析则需要右脑半球的参与。

空间：右脑半球负责管理，左脑半球负责补充

空间管理更多地依赖于右脑半球。当我们在空间中定位，

或者学习一条新的路线、辨认一个标志时，比如一栋楼房，将由右侧海马脑回及其相邻区域负责掌控。同时，右脑半球也记录了一些口头编码："在第三个红绿灯后向右拐……"

其实，每个脑半球都可能与一些特殊的定位方式有关。在一个不太熟悉的环境中，或者面对一条复杂的路线，我们倾向于自己设定一些路标默想出一张路线图，这些"路标"会刺激右侧海马脑回。另一方面，对线路的整体处理和设计则需要依靠左侧海马脑回。但是，这种任务的分工可能不只是人类特有的，因为这种任务的分工也能在鸡的身上观察到！

记忆的类型

短时记忆

了解短时记忆最简单的办法是把它当成存在于我们意识中的信息；它是对我们最近所经历的一些事情的记忆。短时记忆是一个工具，我们用它来记住电话号码，以便有足够长的时间去拨打电话，或者记住去一个不熟悉的地方该怎么走。

记忆过滤

我们通过感官将信息摄入大脑。我们的意识只允许我们需要的信息通过——其他的就被过滤掉了。可能现在你就坐在客厅里，关心的只是你在读的书。暂停一下，并感受一下你身边的声音——也许是你的伙伴翻报纸的声音、隔壁孩子玩耍的声音，或者是你的电脑一直不断的"嗡嗡"的背景音。

现在让你的注意力重新回到书上来，渐渐地那些声音又会变得无关紧要，于是也就不会让你分心，你的短时记忆又集中到了阅读上。这种过滤是记忆系统中至关重要的一部分，因为它让你避免因为无关的信息而负载过度。

短时记忆的容量

短时记忆的容量是有限的，大约七个空间，或者叫"意元"。例如，你可能记得住七个人的姓名，可一旦有更多的姓名，你就会开始遗忘。要使某样东西保持在你的短时记忆中，你就必须对它进行加工（有时也称之为加工记忆）。例如，如果你查到了一个电话号码，你就必须将它自我复述，以便能记住足够长的时间来拨打，这被称为再现。仅仅几分钟后，你意识中的这个电话号码就会被其他新进入的信息所代替。

对信息进行编码

信息以几种方式进行编码后进入我们的短时记忆。

形码：我们试着将人名生成图像。这种形象在几分钟后会开始淡去，除非我们使之保持活跃。

声码：这是一种最普通的技巧，使信息在我们的短时记忆中保持活跃。它包含重复信息，如姓名或数字。

意码：在这里我们运用了某些有意义的联系，例如思考一个有着同样名字的熟人。

突破短期记忆局限的策略

为了突破短期记忆的局限，我们发展了一些有效的策略。

以大声说出或者默念的方式重复信息。

打电话时，对方在做自我介绍，你可以不断默念他的姓名直到能够在通讯录上写下来。

当所要记忆的元素超过 5 个时，可以采用重组的方式。

例如，将电话号码分为 2 个一组或 4 个一组，将更容易记住。

58 81 58 42   5881 5857

在想要记住的信息与已经知道的信息之间建立联系。

比如，在记忆数字 417893 时可以先找出 1789，法国大革命开始的时间。

注意力

短时记忆是短暂的而且容易被打断。所以，注意力是能否让有关事情保持在脑海中的一个重要因素。它可能只有在你分心时出现，让你感到你在"有意识地"进行记忆。下面是两个普通的例子：

电话号码

你在电话簿里查了一个电话号码。可正当你要拨这个号码时，你听到有人进来了。你可能就需要再查一下这个号码。这是因为你正在活跃的记忆已经被打断而暂时失去了注意力。

"我到这儿来干什么？"

你正在厨房里整理一些文件并想到要一个订书机。当你走向书房取订书机时，你开始思考晚上的晚饭你应该做什么。当你走进书房时，突然发现自己想不起来为什么去那里了。很简单，你只是又一次分心了。

潜意识记忆

有些信息可能在我们不知道的情况下通过了过滤而进入记忆。在20世纪60年代，电视广告制作者们提出了潜意识广告这样一个聪明的理念。例如，某个产品的图片、某个特定品牌的衣物清洗剂，会在电视屏幕上非常短暂地"闪现"。它可能在任何时候出现，甚至出现在一部电影的播出中间。它出现的时间很短，以至于我们不可能有意识地注意到我们看到了什么，但是，我们的记忆已经下意识地储存了这幅图片。

当下一次我们走进超市时，就会对这个品牌的衣物清洗剂有似曾相识的感觉，就会将它同其他产品分辨开来，从而使商家达到了促销的目的。

长期记忆

长期记忆能够帮助我们回忆或者再认出那些在几分钟、几个小时或者几年前获得的信息。它包括：情景记忆——储存的是那些构成你的自传的一系列生活事件；程序性记忆——储存的是那些使你能够从事机械运动（例如骑自行车）的信息；语义记忆——你的关于这个世界的知识的宝库。

当你使用那些为了某个特定任务而被永久储存的信息时，

不同的记忆类型

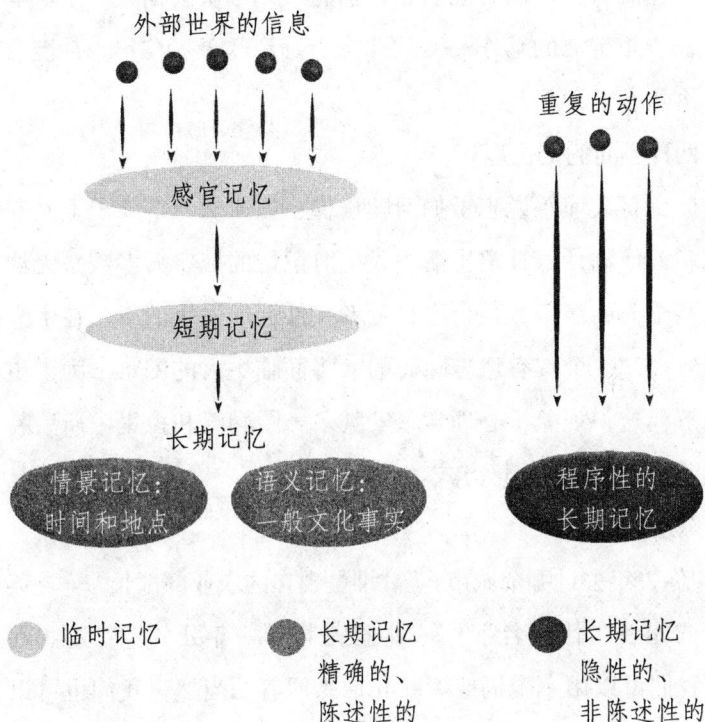

外部世界的信息

重复的动作

感官记忆

短期记忆

长期记忆

情景记忆：
时间和地点

语义记忆：
一般文化事实

程序性的
长期记忆

临时记忆

长期记忆
精确的、
陈述性的

长期记忆
隐性的、
非陈述性的

★ 为了描述记忆的类型，心理学家设计了一个空间模型，如同一张房屋地图，每个房间代表一种记忆类型。

就会发生信息从长时记忆到短时记忆的转移。举例来说：当你要做一道几天前被详尽地解释过烹调方法的菜时，要做到记住配料和说明而不看任何笔记，就必须对它特别感兴趣，并且有很强的动机。

为了使信息不仅停留于短期记忆中，还有必要把信息传递到另一个更持久的系统中。长期记忆具有我们认为几乎无限的能力，它能够在一段时间后重组信息——一次会面、一个数学公式，或是游泳的动作——从几个小时到几天、几年，甚至有时长达几十年。

两种不同的记忆方式

极少有人埋怨说忘了如何爬楼梯、如何从一个椅子上站起来或者如何刷牙。日常生活中人们对记忆的抱怨大多数是无法想起某个人的名字、某个字，或者一件近期发生的事。在个人经历方面，一个具有遗忘障碍的人将面临更大的困难。为了更好地解释这一现象，心理学家安戴尔·图勒温和拉里·斯里赫定义了两种不同的记忆方式。

陈述性记忆

"你去年去过哪个城市？""谁是现在的农业部部长？""《英雄》的作者叫什么名字？""恺撒是在哪一年死的？"这些问题，我们可以用一个词或者一句话来回答。当然，我们也可以写出答案，在某些情况下还可以画张图或是在一张照片、卡片上指出来。但答案通常都是基于对曾经经历过的或者学过的东西有意识地回忆，并且能够通过口头的方式表述出来。这就是为什么称其为陈述性记忆的原因，也可以用"精确记忆"这一术语。

非陈述性记忆

操纵电视遥控器、使用厨房用具、骑自行车、系鞋带或者仅仅是走路，这些行为都不需要我们有意识地回忆相关的姿势或动作。即使我们可能记得当初学习这些行为时的情景，但更多时候我们只能以非常简单的方式对这些行为进行描述，并且倾向于演示示范。为了解释自由泳时腿的动作，游泳教练更多地会进行动作示范，而不是用长篇大论来解释。出于这个原因，这种记忆形式被称为非陈述性记忆或者隐性记忆。

从生活事件到日常例行公事

1993年4月11日我们去过纽约，骑自行车的方法……所有这些例子都体现了对行为的记忆，但只有第一个例子是唯一真实发生过的，其他的例子似乎和个人特殊经历无关。并且，即使我们在日常用语中应用"学习骑自行车"这种表述，但当我们涉及"学习"这个词的时候，更多会联想到在学校学到某种知识，而非某种体育活动。那么是否对不同的事物存在不同的记忆呢？

研究人员对某些记忆障碍的研究证实了我们的假设。比如，某些健忘症患者只忘记了个人新近的经历、以前学过的文化知识，或者某些特殊的行为方式。由此，科学家将记忆分成三种类型：对发生在特定时间和地点的事件的情景记忆，用来储存一般知识的语义记忆，以及为了完成一些重复性行为或者标准化动作的程序性记忆。

情景记忆

情景记忆对应着我们在一个确定的时间和地点的特殊经历，上个星期我们看过的电影，或者去年夏季我们做过的事。这些经历构成了情景记忆的一大部分。

记忆的诞生

当我们记忆这些情景时，不仅记住了事件本身，还记住了当时的环境背景。例如，在我们回忆与朋友一起吃的晚餐时，我们还记得当时的灯光、声音、气味、味道等。同时，这些要素也在我们的记忆中留下了以后回忆的线索。在回忆时，我们就可以在以往的经历中定位："星期五晚上，我去大剧院看了一场极好的表演《图兰朵》，陪同的有小贝尔纳、安娜·玛丽、吉尔伯特、丹尼尔和雅克。"当然，对这样一个事件的记忆也保存有情感的因素。正如伏尔泰观察到的那样："所有触动内心的，都刻印在记忆中。"

记忆就这样保存着事件的主要方面，然而背景线索并不位于大脑的一个确定区域。因此，记忆的程序一点也不像以前描述的那样：在一个"仓库"里储存着记忆，每一个都有其特定位置，当我们需要的时候就"去那儿找"。

事件的不同方面存在于大脑的不同区域

我们在记忆时大脑是什么样子的？比如，在 7 月的一个早上我们看见花瓶里插着的玫瑰时。首先，对这个场景的感知需要我们不同的感官共同参与：嗅觉感知玫瑰的香味，视觉记录它的形状、颜色和在花瓶中的位置以及花瓶在房间中的位置。接着，形成各种记忆痕迹。有关玫瑰花香的记忆将存留在大脑的嗅觉区域。如果我们被玫瑰花刺扎了一下，感受到的疼痛记忆将保存在大脑的另一个区域。关于地点和时间的信息则被存储在大脑的前部……

大脑各个区域间连接的建立归功于神经元网络，每次记忆一条信息时神经元网络都会被激活。而在回忆时，右额叶会从神经元网络中的不同记忆痕迹出发，进行对场景的重组。

寻找遗失的记忆

有时候寻找遗失的记忆过程需要很长的时间并且很困难，因为必须要重新激活与之相连的全部神经元网络。但有时一个线索就足以唤回全部记忆。正如《追忆逝水年华》中所描写的，一小块浸入茶水中的玛德兰娜蛋糕唤醒了故事叙事者在贡布雷的整个童年世界，因为雷欧妮阿姨曾在给他一块相同的蛋糕之前把蛋糕浸入椴花茶中。

另一方面，分散储存使得记忆更稳固——大脑部分区域受损极少会造成一个人的全部记忆消失。但是，随着时间的推移，某些记忆痕迹的功用改变或者消除了，于是回忆变得很困难。

语义记忆

大脑中其他被储存的信息普遍发生在学习的环境背景下，即一般的常识，比如《罗密欧与朱丽叶》的作者是谁，意大利的首都是哪……我们从多种渠道获得这些知识，如果这些知识只具有一般的性质，那么当时的学习背景会逐渐从我们记忆中消失。例如，我们很少能想起第一次听到"莎士比亚"或者"罗马"这些词的地点和时间。

语义记忆的存储形式

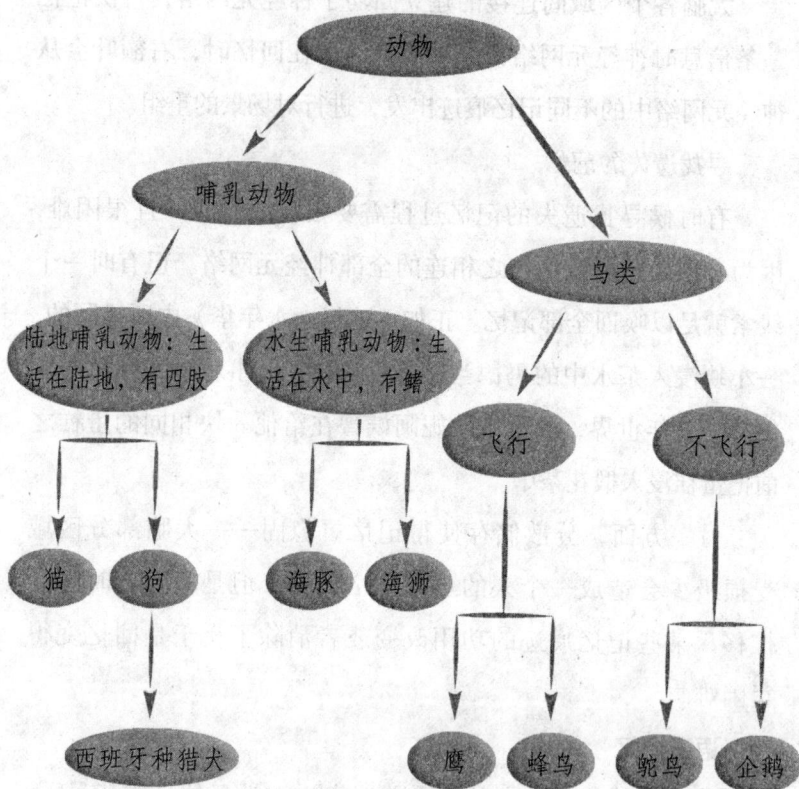

```
                    动物
                   /    \
                  /      \
            哺乳动物       \
            /    \         鸟类
           /      \        /   \
    陆地哺乳动物：生  水生哺乳动物：生   /     \
    活在陆地，有四肢  活在水中，有鳍  飞行    不飞行
        |           |
       / \         / \      |        |
      猫  狗     海豚 海狮   / \      / \
          |                鹰  蜂鸟  鸵鸟 企鹅
     西班牙种猎犬
```

★ 在语义记忆中信息是以树形图的形式存储的，每一个类属都存在一个代表性例子，例如海豚是水生哺乳动物的代表。

　　有时候，关于时间和地点的记忆痕迹可以帮助我们找到一时遗忘了的东西：我们想起在一本什么样的杂志上读过，要找的东西就在某一页的上方。

什么样的信息储存在语义记忆中

语义记忆存储的不仅是百科知识，或一般知识性的问题，还储存了个体在一段时间内的生活事实。借助语义记忆，我们可以给物体命名并将其归类（锤子、螺丝刀、锯子属于工具类），或者给某个种类列举例子（属于昆虫的有蚂蚁、瓢虫、蜜蜂等）。同理，当我们需要记忆一系列混乱无序的词时，我们可以先将其分类，这样就能更容易记住了。

对知识进行的良好组织

事实上，语义记忆中储存的知识相互联系着，按照逻辑与用途的不同形成复杂的网络。例如当我们想起"大象"这个词时，其他的概念（大象的颜色、形态或者与它相关的历史）也同时处于活跃状态："大象身躯庞大，它是灰色的，有两个大耳朵、一个长鼻子和两颗大牙，重量可达到6吨，拥有超强的记忆力。公元前3世纪，汉尼拔骑着大象穿越了阿尔卑斯山……"

实用性知识的组织形式不尽相同。特别是在日常生活中，涉及一系列规范性的连续动作，例如准备早餐、购物、组织聚会等。根据早已建立好的内在逻辑顺序，这些日常规律性的活动一旦开始，接下来的各个步骤便接踵而来，而不需要"图示"或者"脚本"。为了准备早餐，只需要开始第一个动作——在咖啡机里倒入水，这之后就不再需要任何注意力了，接下来的动作会自动执行，我们可以在这段时间去想别的事情。

程序性记忆

第三种记忆类型通常在很大程度上脱离意识，如骑自行车、打网球、弹钢琴、进行心算、母语的正确使用，以及玩扑克牌等，这类活动一般都基于潜意识的记忆，所以很难对其进行详细的描述。这类活动的学习过程通常很漫长，需要经过无数次的练习和重复，而一旦掌握就很难忘记。但某些复杂的活动仍需要坚持实践：一个钢琴家如果不经常练习，他的演奏水平就有可能下降；一位高水平运动员如果缺乏常规的训练，他的成

测试你的程序性记忆

阅读镜子里的文字

皮克威克先生感觉到有些焦虑，他发现两个朋友常常缺席，并且想起整个早上，他们的行为非常神秘。

尝试尽可能快地读出上面这段文字。

在镜子中的图画

把你的书对着镜子，尽可能快地用笔把镜子中的这两个图画在一张纸上。

★ 借助程序性记忆，我们能毫无困难地进行阅读或者绘画。但当我们不按常规的方式进行时，困难就出现了，例如阅读镜子中的文字。

▶ 最强大脑 ◀
拿来就用的超级记忆术

绩也将下滑。

例行公事性的任务

在日常生活中"自动性动作"扮演着重要角色，让我们可以完成复杂的例行事务，而大脑却保持空闲去面对无法预知的状况。例如，开车时，我们并不十分注意控制方向盘、油门、指示灯等，直到发生特殊情况——一个孩子试图横穿马路——才需要我们动用所有的注意力并结束"自动驾驶"。

按照我们的习惯和偏好

潜意识的程序也是我们许多习惯和偏好的根源。我们能够记住一系列同等商品的价格，可以在比较某种商品时作为参考，比如哪家超级市场里的苹果更便宜。当我们不能够直接地应用这些程序时，比如由于货币的改变或者临时居住在外国，我们则特别不相信自己的判断。尽管早在 2002 年初就开始推广欧元了，可是许多法国人仍然继续用法郎进行"思考"，特别是对非日常用品，比如房子或者汽车。

典型的适应状况

在吃完一种特殊的食物（例如牡蛎）后，我们生病了，从此只要看一眼这种食物就可能恶心。生理学家巴甫洛夫的实验中，铃声一响起，那条已把铃声刺激同下一餐的来临结合起来的狗就开始流口水。在人类身上也能发现类似动物的这种典型的适应状况，这类适应状况有时候与由于特殊原因引起的害怕或快乐感有关。例如，如果我们曾被野兔咬伤，即使身处距离发生的事故很远的地方，但是周围的树木或者气味与之相似，我们都可能会心跳加剧。

诱饵效应

我们也会无意识地记住一些信息（比如对话者领带的颜色），在以后某个需要的时刻，这些信息能够帮助我们更快或者更容易地回想起当时的情景，但是这些信息与我们有意识记住的信息具有不同的确定程度（"你的领带好像是红色的"）。

为了描述这一现象，科学家们提出诱饵效应。例如，一个填字游戏的答案是一条定义（比如生产、出售豪华家具），突然我们想到了一个在完全不同的背景下出现过的正确答案（"细木工"）或者类似的答案（"木工"）。有时候，这样的潜意识记忆让我们兜了"一圈"：我们以为自己找到答案了，事实上，答案是通过我们以前读过的一篇文章而得到的，只不过我们早已忘记自己曾经读过那篇文章。

长时记忆

如果某个短时记忆重要到有必要保持得久一些，它就要被存储到长时记忆中。为了对长时记忆是如何工作的有个了解，想象一下某个记忆从前门进来，穿过走廊（短时记忆），然后来到一个房间被分类和存储。这个"记忆存储库"非常大，它有着许多相互连接的房间，以及几乎是无限的容量。

记忆的再现

记忆的存储虽然不如图书馆那么整齐，但也是有组织的。当我们想要再现信息时，就需要搜索它。有时我们发现马上就能找到，有时则需要较长的时间。

偶尔，你可能根本找不到你想找的。这是因为你学得越多，那么在你想要再现信息时，就比较难。好比有一袋玻璃球，如果只有几个玻璃球，相互之间就很容易区分。袋子里的球越多，就越难将它们相互区分。

再现失败

有时我们会无法再现确定已知的信息。

"舌尖"现象——你确信自己知道问题的答案，可就是不能完完全全地将它说出来。

编码错误——有时我们发现我们想要在以后再现的信息编码不准确。你认为自己已经理解了某件事情，可当你想要给别人解释这件事情时，却发现自己并没有想象中理解得那么好。

自传性记忆

对于大多数人而言，"记忆"一词最先能让我们想起的是个人世界，我们自主地保留着对自己实际经历过的事件的记忆。然而，简单观察一下就会发现，这种记忆不仅仅由一系列实际发生过的事件组成。

自主与不自主记忆

当我们回忆过去时（例如很久前与朋友的一次晚餐），经常需要几秒钟的时间才能想起细节。事实上，我们先要经过一般性的回忆进行确认，比如是在生命中的哪个时期发生了这一情景（我们是学生的时候），然后上溯到同一类属的事件（在这个时期与朋友的聚餐）。就这样以精神努力为代价，我们找回当时的片段。这个过程有时非常艰难漫长，需要集中注意力有意识地进行记忆重组。一些记忆可能被扭曲，而承载着深厚感情的（我结婚的那一天）往事就能够快速地被想起。

对许多往事的回忆都是由一些同时出现的特殊迹象引发的：一种气味、一种味道、一段旋律、一个词语，或者一种想法、感情或思想状态。在马塞尔·普鲁斯特的小说《追忆逝水年华》中有许多这类的描述：玛德兰娜蛋糕放入一杯茶水中、从佩塞皮埃医生的汽车中观看马丁维尔的钟楼、香榭丽舍大街能闻到一个公共洗手间的气味、勺子与餐碟碰撞的声音……作者用了"自主"和"不自主"这两个术语来区分不同的记忆重组方式。

情景记忆和语义记忆之间的差别

情景记忆使我们能在脑海里重温某些情景，有时伴随着发生在特定时间和空间里的细节（我在学校上的第一节课）。这些记忆再现通常由心理图像引起，但是我们也能找出和当时有关的感情或情绪。

在语义记忆中，关于我们自己的信息（周围人的名字、我们的爱好等）和一般事件的信息（我们在乡下过的周末、在学校的生活等）是以互补形式存储的。因此，重溯一般性事件其实是为了找回拥有共同特点的特殊事件。不容忽视的是，情景记忆和语义记忆之间存在着相互过渡和转化过程。

演员的视角与观察者的视角

受情感影响的事物被持久地保存在我们的记忆中，这些情感的印记以强烈的再现感为特征，即表现为确切意识状态的再现。在这种情形下，我们倾向于依靠记忆中所保存的和最初事件相同的观点来重现片段。这种"演员的视角"被认为结合了片段记忆，而"观察者的视角"（就像我们看电影那样）则更多地体现出语义记忆。

年龄与自传性记忆

一般来说，情景记忆历时越久，就越难以被忠实地保存，但是也存在许多例外。在 3 ~ 4 岁前，记忆是罕有的（儿童记忆缺失）。10 ~ 30 岁之间构筑的记忆能保持得较为生动。40 岁后这些记忆将在回忆中占相当大的比例，心理学家称之为"记忆重生的顶峰"。因此，人生的这个阶段对构筑我们个人的特征是具有重大意义的。衰老对我们重温特殊事件（情景方面）是不利的，但却不影响我们回忆一般性事件或者个人资料（语义方面），比如周围人的名字。

承载着深厚感情的事件通常能被很好地保存，然而，太强烈的感情有时会导致相反的效果。例如，抑郁有时候会引起情

年龄与自传性记忆

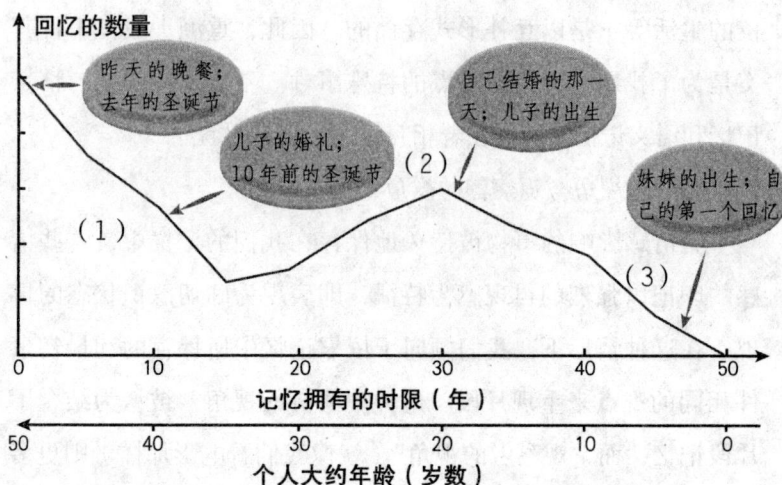

回忆的数量

昨天的晚餐；去年的圣诞节

儿子的婚礼；10年前的圣诞节

自己结婚的那一天；儿子的出生

妹妹的出生；自己的第一个回忆

（1）

（2）

（3）

| 0 | 10 | 20 | 30 | 40 | 50 |

记忆拥有的时限（年）

| 50 | 40 | 30 | 20 | 10 | 0 |

个人大约年龄（岁数）

* 这个曲线展示了一个人在 50 年里，其自传性记忆随时间推移的变化趋势。可以看出，随着时间的推移，记忆的数量在减少（1），在 10~30 岁之间编织了最多的记忆（2），而在 3~4 岁前个人记忆几乎缺失（3）。

景记忆的衰退。

近事遗忘症

自传性记忆可能遭遇的主要障碍是近事遗忘症（一种由突然的脑部损伤引起的对既得信息的遗忘），这种病症可能影响识别能力。情景记忆的缺失是这种病症的表现之一，但语义记忆通常不受影响。一些解剖学和临床数据以及功能图像显示，在回忆自传性的情景时，额叶和颞叶右前部的连接处扮演着重要角色。

如何评估自传性记忆

可以通过多种方式来测试自传性记忆受损或者保存的能力，最常用的诊断方式是关于不同生活阶段的问卷调查。除了最近的 12 个月，童年到 17 岁、18 ~ 30 岁、30 岁以上、最近的 5 年，都被认为是特殊的时期。医生或者心理学家详细地询问被测试者在每个生活阶段发生的特殊事件（例如一次印象深刻的相遇），并且让他们说出具体的时间和地点，然后将结果与其他家庭成员提供的信息做比较。

其他测试方法还有向被测试者展示一系列的词（街道、婴儿、猫等），然后要求他们说出第一次接触这些词的情景，并确定具体时间；又或者评估他们表述一系列情景的能力。测试较少用个人线索（照片或者家庭事件）来引发回忆，但是得到的结果与其他的测试方法几乎无差别。

感官记忆

外部世界带给我们的感觉信息构成了我们的记忆，我们的五种感官——视觉、听觉、触觉、嗅觉和味觉是记忆的主要入口。但是，通过感官感知而记忆的东西绝不能和相片或者录音磁带相比。感觉信息在大脑深处被分析，然后彼此之间建立联系，在与其他信息比较后，被烙上感情的、形态的（地点）和时间的（日期）印迹。一般来说，这些程序在每个人身上都是一样的，但是每个人的感官能力似乎并不相同。

感官的专业化与缺失

受雇于赌场的能够过目不忘的人、拥有绝妙的听力的音乐家、拥有特别敏感的鼻子的香水调剂师等，我们都知道或听说过这种拥有超常视觉、听觉或者嗅觉记忆的人，他们某方面的感觉能力强于一般人，然而能用触觉或味觉创造价值的人就较少见了。一些理发师说，他们一拿起剪刀就知道是不是自己的私人剪刀。

同时，一种超乎寻常的技能似乎总是与另一种感觉方式的缺失联系在一起。例如，天生失明的人成功地发明了在听觉和触觉方面比视力正常的人更高的技能。但是失去一种感知方式和本身缺乏是不一样的，比如用布莱叶盲文进行触摸式阅读，大脑视觉区无疑也参与了某些语言能力的管理。

接下来，我们将简单介绍视觉、听觉、嗅觉与记忆的关系。

视觉记忆

英国作家卢迪亚·吉卜林（1865—1936）在他的小说《吉姆》中，详细描写了少年英雄吉姆如何坚持不懈地记忆放在桌子上的物品，然后再找出缺少的东西的过程。经过不断的训练，吉姆获得了一种超常的技能，他能够记住所有看过的细节。

图像记忆

在一个实验中，研究人员向志愿者展示了2500多张幻灯片，每10秒钟换一张。然后，将每张幻灯片与一张新的幻灯片混合在一起，要求被测试者指出熟悉的那张，即他们之前看过的那张。结果非常令人吃惊：几天后，90%以上的图片被认出；几个星期后，仍然有很大比例的图片被认出。之后再用10000张幻灯片做类似的实验，同样确认了视觉识别的效率。

如此熟悉的活动

我们有时候忘记视觉在记忆过程中扮演着重要角色。信息进入大脑被处理和存储后，就不再依赖语言了。为了解释视觉记忆的运作过程，神经心理学家将视觉记忆（或视觉——空间记忆）同行为记忆进行了比较。视觉记忆能让我们在头脑里"操纵"抽象的图案或路线，而行为记忆则是依靠语言来理解话语的内容和各种视觉信息。

事实上，重要的是不要混淆了视觉信息与视觉记忆。视觉记忆大多数都是按照双重编码的原则来处理词语、图案、照片

面孔失认症

面孔失认症是一种极为罕见的病症，会令周围的人非常困扰。患者失去了辨认熟悉面孔的能力，虽然他们可以毫无困难地回想起熟悉的人的名字及其相关信息。不过，他们能够通过声音、走路方式、体态，甚至某些面部特征，比如大胡子或者特别的发型，辨认出熟悉的人。

这种奇异的病症是因为大脑右半球损伤而造成的，因为在大脑右半球存储着面部辨认的记忆单位。例如，患者无法再认出自己家畜群中的牛，鸟类学家无法通过视觉辨认出不同的鸟类，然而却能通过声音立即将它们分辨出来。

或者真实的事物等视觉信息。在大量实验中，神经心理学家揭示了双重编码的优点，这种编码方式能将形象信息（形态、尺寸、布局）与动作信息组合在一起。

自闭症患者的记忆：对细节敏锐的感知

人们有时用"照片式"记忆来引出自闭症患者典型的精确记忆。

自闭症是一种发育缺陷，会阻碍患者与社会的互动、对外界情感的反应和与他人的沟通。但这种严重的功能障碍有时却伴随着非凡的音乐记忆能力或"照片式"记忆能力，后一种记忆能力使患者能用复杂的图像表述出记忆里的少量细节，或者毫无困难地进行大量的计算，就像电影《雨人》中达斯汀·霍夫曼所饰演的人物那样。

为了解释这种自发而非凡的能力，神经心理学家提出"表面的记忆"，这种记忆并非想要脱离图像的整体感觉或整体形态，而是试图结合更重要的细节来创造"心理图像"。面对一幅画时，大多数人都是在集中注意力于总体形态后，再试图把握其中的细节，而自闭症患者在没有总体视觉的引领下将同等对待所有细节。因此，在处理信息的第一步，自闭症患者表现得更好，而正常人"消耗"的精力是为了获得整体或更多的感官信息，以此简化记忆。有些研究人员还认为，自闭症患者越是与世隔绝，越是容易出现运作记忆障碍。

记忆面孔

在图像记忆方面我们是天生的行家，但是我们中有些人在某一特定方面表现出更高的能力，如记忆面孔、建筑物、风景等。这种能力有时候是训练的结果，正如吉卜林的小说中描绘的那样，但是好像真的存在一种"天赋"，比如在过目不忘的人身上。

我们越是能从几千张脸中毫无困难地认出熟悉的那张，越是难以用言语对其进行描述。在描述时，我们通常会提取整体特征，眼睛、胡子、眉毛、痣等，在辨认面孔时语言似乎扮演着次要角色。辨认面孔的能力很早就在儿童身上得到发展，研究表明6～9个月大的儿童比成年人更容易记住周围人的面孔。

听觉记忆

"如果钢琴演奏家想演奏《瓦尔基里骑士曲》或者《特里斯坦》前奏曲，威尔杜汉夫人称道，不是因为这些音乐使她不高兴，而是因为它们给她留下的印象太深刻了。'您关心我有偏头痛吗？您知道每次他演奏同样的东西时都一样。我知道等待我的是什么！'"（马塞尔·普鲁斯特《在斯万家那边》）

情绪——理解音乐的关键

情绪与音乐之间的关系是复杂的。一方面，听一段音乐或进行一次与音乐有关的实践（如唱歌或演奏乐器）会引起一些感觉（比如兴奋或放松），我们根据当时的情绪来阐释这些感觉，并且从此以后我们会把这些感觉与听到的或自己演奏的音乐联系起来。

另一方面，在精神层面，我们大多数人都能够预测一段音乐接下来的部分，"我知道这段之后，铜管将进入交响乐中"或者"节奏将加快，声音将变得更高"。然而，这种才能似乎并不来源于我们受到的音乐教育，而是来自我们从管弦乐中自发得到的"感觉"。

事实上，一段著名的乐曲产生的"震撼"很大程度依赖于我们的精神活动。神经心理学家观察到，某些患者的听力感知（对一段旋律、节奏等）虽然保持完好，但他们失去了听音乐的快乐感。患者自己解释说，他们"不再能理解"不同乐器之间的音乐关系，并且他们也不能再"预知"一段音乐将如何演奏。

不同的倾听方式

每个人的音乐才能都不同，一些人似乎比另一些人更有天分去记住一段旋律或者辨认音色。如何解释这些不同？研究人员从对音乐家的观察中发现，他们是以不同常人的方式听，更确切地说是他们"看"所听到的音符，音符对他们来说就相当于"字"。医学图像通过对大脑刺激的研究证明了这些假设。

即使周围存在干扰噪音，职业的或者业余的音乐家都能成功地在意识中保留旋律，而其他人则做不到。在任何情况下，音乐家们都能毫无困难地进行记忆，除非他们同时听到另一段相似的旋律。

记忆和音乐曲目库

得益于我们储存在语义记忆中的理论知识，当我们听到一段旋律或者一个作品时，就会感到熟悉，甚至能够确认其曲名、作曲家或者演奏者。对于那些长期演奏同一种乐器的人来说，曲目库是随着日积月累的实践构筑的。

语言和旋律是两种不同的听觉记忆吗

对旋律的记忆是否比对语言的记忆更持久？专注于歌词和旋律之间关系的神经心理学研究表明，对歌曲的记忆实际上与这两个方面紧密结合，尽管对旋律的记忆在时间上更持久。大脑受损的音乐家能够继续从事音乐活动，但从此再也不能理解歌词或话语。因此，语言和旋律可能以独立的方式保存在长期记忆中。

如果一段音乐在记忆中能保存很久，那毫无疑问它依靠了与语言信息相关的编码，特别是情感信息。某种声音（亲属的声音、环境里的声音）与某种情感（是否快乐）联系在一起，会对巩固记忆大有帮助。另外，这样的声音现象不需要以有意识的方式被感知也能永久地被储存，而"普通的"听觉信息（如要记下的电话号码）需要意识的参与，因为它们依赖运作记忆。

嗅觉记忆

《追忆逝水年华》中写道：每次在贡布雷游览时，"我总不免怀着难以启齿的艳羡，沉溺在花布床罩中间那股甜腻腻的、乏味的、难以消受的、烂水果一般的气味之中"。

气味，记忆的要塞

马塞尔·普鲁斯特的这段文字，总结了嗅觉记忆的许多特征。

持久性：多年后仍能精确地描述出最初的气味感觉；

幸福的基调：与情景之间的联系；

联觉的特质：能让各种感觉相互联系。

气味是记忆的"要塞"，特别是当记忆痕迹产生于孩童时。我们每个人在成人后，都有突然想起一件极为久远的事的经历，有时候通过一种香水气味、一个房间或者一个在柜子底下找到的毛绒玩具而引发。

幸福的记忆

大多数的嗅觉记忆都是幸福的，唤起曾经"垂涎欲滴"的生活事件。哲学家加斯顿·巴舍拉（1884 ~ 1962 年）曾说，当记忆"呼吸"的时候，所有的气味都是美好的。

事实上，通过对 500 多个学生的问卷调查得出的结论是，他们的嗅觉记忆大多数时候是愉快的，无论在所记忆的内容方面，还是在与之相关的情景方面。在儿童身上，常常是重新想起假期、旅游、大自然（大海、山、乡村等）以及家人（父母和祖父母的气味、家庭聚餐、家人的房间等）。

奇怪的是，在一些情况下，也有人把公认为难闻的气味与快乐的经历联系在一起。例如，粪坑的气味让人想起在农场度过的一个假期，氯气让人想起游泳池。

正如这些联系所展现的，我们在记忆的同时刺激了所有感觉，多个大脑区域参与了嗅觉信息的处理——丘脑、淋巴系统等——留下了气味的感情价值，聚集了各种感觉信息，因此这些记忆从来都不是纯粹嗅觉的记忆。

嗅觉记忆与其他感觉

嗅觉记忆总是处于其他感觉的中心。例如，在吃饭或喝饮料的时候，如果没有通过鼻后腔的嗅觉信息，就会失去许多其他的感知能力。

同时，其他感觉反过来也会对嗅觉产生影响。例如，医院的气味会引起难以消化的感觉。一个护士回忆说，让人难以忍受的气味"注入"了她的衣服和皮肤里。

事实上，似乎很难想象出某种嗅觉记忆，因为它并不以具体的形式同时出现在我们的记忆与身体的某个部位中。但是，嗅觉的特性确实在记忆过程中发挥了很大的功用。

第三章

评估你的记忆能力

我们是如何了解记忆的

形态成像技术

形态成像技术能确保我们更好地认识大脑的构造，能给人进行检查，这改进了神经学疾病的识别诊断方式，比如确诊肿瘤或脑血管意外。与功能图像不同，形态成像技术提供的是静态图像，即和大脑特殊活动无关。

X 射线断层扫描

X 射线断层扫描（CT）提供的是被检器官的精细水平剖面图，能清晰地分辨那些在传统 X 光片上看不见的或容易同其他器官混淆的人体器官。CT成像技术依靠的是X射线的放射性（使用时不会对人体造成危害），以数字图像的形式显示通过人体的X射线数据，不同的人体组织吸收X射线的量不同。脑CT能清楚地显示人的脑血管是否畸形（动脉血管瘤）、脑血管是否损伤（脑溢血、脑梗死），是否有肿块、肿瘤、严重创伤引起的脑损伤、与神经元缺失相关的脑萎缩等。这种技术能把受损伤的大脑的图像同记忆测试结果联系起来，帮助我们对记忆发生的位置有了更多的了解。

磁共振图像

通过磁共振（IRM）得到的图像要比CT扫描得到的更精确，特别是在某些区域（比如脊髓）或者在某些感染性疾病的情况下。CT扫描只能得到横切面图像（与人体主轴垂直），通过磁共振则可以得到纵切面和斜切面图像。

在进行IRM检查时，身体进入一个强大的磁场，人体组织中所有水分子中的质子都朝向同一方向。当磁场中止时，质子又回到原来的位置，同时放射出反映机体组织密度的特殊电磁波。

功能成像技术

最新的功能成像技术使我们对人体组织解剖和大脑"正常"运转的理解发生了巨大的改变。这一技术使我们更重视某些脑部疾病患者的大脑的整体运作，也使得与大脑（特别是那些健康人的）精细运转相关的区域显现出来。在后一种情况下，获得的图像质量出奇的好。当被检测者在大脑中搜索词语或文化信息时，读文章或听音乐时……功能图像显示大脑的不同区域在"发亮"。这一技术在基础研究中被大量应用，同时也改进了对某些神经疾病的诊断方式。

单光电子发射体成像

单光电子发射体成像，即在人体组织中植入无防御性放射物质，然后通过一个特殊的照相机探测其放射线，再用电脑处理所获的信息，得出被探测器官的切面图像。单光电子发射体成像能够显示出在感染期间，如精神错乱或者血管发生意外时，脑功能的异常情况。

正电子 X 射线断层成像

目前有许多研究中心应用正电子 X 射线断层成像技术对人体的不同器官（心脏、肝、肺等）进行了非常精确的生理学研究，特别是大脑。该技术对神经递质以及大脑活化机理的认识取得了极大进展。

通过释放正电子得到的断层图像，除了对基础研究的许多领域具有重要意义外，也是诊断癫痫病、帕金森病和阿尔茨海默氏病的一个强有力的方法。正电子 X 射线断层成像基于与正电子相关的射线的探测，正电子是一种比电子轻的基本粒子，带的是正电。由放射性物质发出的正电子融入具有特殊生物化学性质的分子中后，借助正电子照相机我们可以观察到分子在机体内的分布，同时通过电脑可以重组大脑的截面影像。这项技术特别适用于观察一些生理现象，比如血液的流量、人体组织中水或氧的分布、蛋白质的合成等。它能揭示在执行记忆任务时血液流量和大脑中化学物质的变化，帮助科学家们获悉在记忆研究时大脑中的化学系统与身体结构是如何相互作用的。

功能磁共振图像

功能磁共振图像（fMRI）技术被用于探测某一器官在一段时间内血液分布的变化，这一测试能反映在活动增加的情况下人体组织耗氧量的变化。将功能磁共振图像与休息状态得到的图像比较，可以研究某一器官在特定功能中的作用。比如让我们真切地"看到"记忆在实际情况下的活动。

fMRI 主要用于分辨负责不同功能的大脑区域，比如视觉、听觉、记忆或者语言。被检查者在进行某些精确的脑力任务时，我们可以观察到活跃着的大脑区域。作为对传统医学成像技术的补充，fMRI 能协助医生做那些非常接近脑部十字区域受损的大脑外科手术。

评估你的记忆能力

评估你的临时记忆

第一部分：评估你的数字记忆能力

叫一个朋友读出如下次序的数字，你的任务是以同样的次序复述这些数字。试试看你做得怎么样。

18 13 71 43 7 58 2 9 6 5 4 16 25 34 95 19 20

得分

少于 5 个 = 差；5 ~ 9 个 = 中等；多于 9 个 = 好。

第二部分：评估语言记忆的能力

看一下下列词汇并试着记住它们——不要把这些词汇写下来。你有 1 分钟的时间。

木偶	火车	上衣	衣柜
汽车	足球	椅子	裤子
桌子	摩托车	遥控车	沙发
帽子	玻璃球	直升机	袜子

现在把这些词语遮住，然后尽可能多地把这些词语写出来。

得分

少于 5 个 = 差；5 ~ 9 个 = 中等；多于 9 个 = 好。

你注意到这些词有什么特殊规律了吗？如果没有，再看一次。如果你看得仔细，你将会发现这些词可以被分成 4 个主要类别（玩具、交通工具、家具、服装）。增强记忆最简捷的方法之一是将有关项目按类别组合。

第三部分：评估你的形象记忆和立体记忆

仔细观察下一页的 10 个图形 1 分钟，努力记住它们，看你能记住多少。

得分

少于 4 个 = 差；5 ～ 7 个 = 中等；8 ～ 10 个 = 好。

第四部分：评估你的视觉识别记忆

看下面的这组图。它们中哪些你在前面看见过？把你之前看见过的图圈出来，然后对照一下，看你答对了多少。

▶ 最强大脑 ▶
拿来就用的超级记忆术

第五部分：记故事

阅读以下段落。不要记笔记，但在手边准备好纸和笔以备后用。

罗先生正走在去一家超市的路上，他要买早餐、一瓶啤酒、两斤鸡蛋，以及一些甜品。当他沿着人行道往回走时，看见一位女士被一块石头绊了一下，摔倒在地，撞到了头。他赶紧跑过去看她是否需要帮助，并看到她头上的伤口正在流血。他奔向附近的房子，敲开了门，告诉来开门的女子发生了什么事情，并请她打电话叫人帮忙。15分钟后，来了一辆救护车，把受伤的女士送进了医院。

现在，把这个段落用纸盖起来，然后尽可能地按照原来的词句写出这个故事。

得分

你能回忆起多少条信息？

少于 15＝差；16 ～ 25＝中等；超过 25＝好。

大多数人肯定能记住故事梗概，而且可能还能记住一些细节，然而要一字不差地写出这样一个故事则是一件很困难的事情。

我们大多数人在阅读书报时往往只记住大概意思而不是逐字逐句地通篇记忆。词句就成了故事的"路径"，因而我们记住的只是大概的意思。幸运的是，词句所传递的是内容而不是词句本身。人类的记忆也更善于记住值得记忆的片段或那些同我们个人有牵连的东西。

第六部分：识别记忆

看一下下面的这些词汇并记下哪些在前面的练习中出现过。不要翻回去看，你能认出哪些词汇自己在前面看见过吗？

木偶	足球	垃圾箱	熨斗
汽车	帽子	轻型摩托车	火车
摩托车	房子	上衣	直升机
衣柜	沙发	遥控车	窗户

得分

翻回去对照一下，并计算你的得分。

认出少于 9 个＝差；9 个＝中等；10 个以上＝好。

我们大多数人非常善于识字。因为词汇本来已经存在于你的大脑中了，你只需要分辨哪些见过、哪些没见过。它所需要的努力要比回忆少一些。我们的记忆系统有一个怪癖，即识别不太普通的项目会更容易。项目越是类似或普通，就越是难以分辨。

评估你的长时记忆

第一部分：经历性记忆

这一类型的记忆往往有不同的种类。

试试看回答以下问题：

1. 你的祖母叫什么名字？

2. 你出生的地方在哪？

3. 你喜爱的第一个玩具是什么？

4. 你小时候最喜欢吃什么？

5. 你小学时的绰号叫什么？

6. 你的祖父是怎样维持生计的？

7. 形容你祖父的外貌。

8. 想一件你 5 岁前收到的礼物。

9. 想象一下你的房子，第一扇门是什么颜色？

10. 你小时候的邻居是谁？

11. 你能回忆起上小学第一天的情景吗？你穿什么衣服？

12. 你的第一位老师是谁？

13. 你小时候做得最顽皮的一件事是什么？

14. 你最早的记忆是什么？

15. 你 11 岁时的同桌是谁？

16. 哪位老师你非常不喜欢？

17. 你能否记起在学校用心学过的课文？

18. 第一个让你心动的人是谁？

19. 你第一个约会的人是谁？

20. 第一个伤你心的人是谁？

21.11 岁时，谁是你最好的朋友？

22. 你记忆最深的一个假期是什么？

23. 你记忆中最早的节日是什么？

24. 描绘一件你喜欢的玩具。

25. 你什么时候学的自行车？

26. 谁教会你游泳的？

27. 你第一个真正的朋友是谁？

28. 你童年最喜欢的游戏是什么？

29. 你 5 岁时最喜爱的电视节目是什么？

30. 你的第一个纪录是什么？

31. 你在小学时最喜爱的体育运动是什么？

32. 你对较早之前的往事有没有一个深刻的记忆？

33. 有没有一种特殊的气味能使你想起往事？

34. 你的第一只宠物叫什么名字？

35. 你给喜爱的玩具起了多少名字？

36. 你能不能详细地记起 11 岁前的考试经历？

37. 你 5 岁前最喜爱的歌曲是什么？

38. 你 11 岁之前是否有自己的朋友圈？列举两位朋友。

39. 你能否记得小时候幸运避免的一些事情？

40. 你童年时生的最严重的一场病是什么？

41. 你一生中最美好的回忆是什么？

42. 你有没有与童年的挚友阔别已久后再次见面？

43. 你是否记得高中时的一些数学公式？

44. 相对于最近发生的事，你是否更容易记得往事？

45. 你能否记得当你闻讯北京申奥成功时，你身处何地？

得分

30 项以下＝差；30 项＝中等；超过 30 项＝好。

　　大多数人在这个测试中都能完成得很好，基本上能回答 30 多道题。一旦你开始回答这些问题，就会促使自己回想更多的往事。这种回忆的感觉会持续很久。也许它还能促使你拿出一些旧照片或纪念品怀念，给老朋友打电话，或者找寻失去联系的朋友。一旦你的永久记忆受到激发，它将发挥巨大的功能。你会惊叹于你能回忆的所有细枝末节。

　　你可能会发现以上有些事情比其他的更容易记得。如果当时有重要事件发生或该事件对你有着不同寻常的意义，那么记起自己当时在哪儿或在干什么就容易得多。这是因为，我们没有必要记住我们生活中的每一个时刻。我们的记忆会自动地对信息进行筛选，于是我们就会忘记我们所没有必要知道的东西。

第二部分：语义性记忆

语义性记忆是我们自己对事实的个人记忆。试试看回答以下问题，并看一下你懂得多少知识。

1. 葡萄牙的首都是哪里？

2.《仲夏夜之梦》的作者是谁？

3. 青霉素是谁发明的？

4. "大陆漂移说"是谁提出的？

5. 离太阳最近的第五颗行星是哪一颗？

6. 曼德拉是在哪一年被释放的？

7. 俄国十月革命在哪一年？

8. 一支足球队有多少名运动员？

9. 圭亚那位于哪个洲？

10. 在身体的哪个部位可以找到角膜？

11. 第一个到达北极点的人是谁？

12.《物种起源》的作者是谁？

13. 与南美洲接壤的是哪两个大洋？

14. 比利时的首都是哪里？

15. 宁静海在什么地方？

16. 第一次世界大战的起讫日期是什么？

17. 卷入水门事件的美国总统是哪一位？

18. 拿破仑最后被放逐到什么地方？

19. 美术三原色是什么颜色？

20. 《热情似火》的女主角是谁？

得分

少于 10 个 = 差；11 ~ 15= 中等；16 ~ 20= 好。

答案

1. 里斯本　2. 莎士比亚　3. 弗莱明　4. 魏格纳　5. 木星

6.1990 年　7.1917 年　8.23 名　9. 南美洲　10. 眼睛

11. 罗伯特·皮尔里　12. 达尔文　13. 太平洋和大西洋

14. 布鲁塞尔　15. 月球　16.1914~1918 年　17. 尼克松

18. 圣赫勒拿岛　19. 红、黄、蓝　20. 玛丽莲·梦露

我们的语义性知识会随着许多不同的因素而变化，例如你来自何方、你的年龄、兴趣，等等。要扩展你在已经有所了解的方面的语义性知识是比较容易的，因为这些知识更有意义。

评估你的前瞻性记忆

我们大多数人过着繁忙的生活。以下哪件事情你会经常忘记？

◎付账（或者是否已经付过账了）

1. 经常　　　　　　2. 有时　　　　3. 从不

◎计划好的约会时间

1. 经常　　　　　　2. 有时　　　　3. 从不

◎收看感兴趣的电视节目

1. 经常　　　　　　2. 有时　　　　3. 从不

◎下一周的计划

1. 经常　　　　　　2. 有时　　　　3. 从不

◎出去旅行前取消所订的报纸或杂志

1. 经常　　　　　　2. 有时　　　　3. 从不

◎出行前从自动柜员机中取钱

1. 经常　　　　　　2. 有时　　　　3. 从不

◎晚上睡觉前调好闹钟

1. 经常　　　　　　2. 有时　　　　3. 从不

◎吃药

1. 经常　　　　　　2. 有时　　　　3. 从不

◎给好朋友送生日卡

1. 经常　　　　　　2. 有时　　　　3. 从不

◎回电话

1. 经常　　　　　　2. 有时　　　　3. 从不

得分

把你所选答案的序号加起来。

10～15＝差；16～25＝中等；26～30＝好。

每个人都对不时会忘记做一些事情而感到负疚。这种类型的记忆的好处是易于改善。只要稍微有点条理，再加上一些简单策略的帮助，就可以提高这方面的记忆。有时，生活似乎为许多小事所占据，有条理可以帮助你理清你的思路，以便处理更为有趣的事情。

第四章
CHAPTER 4

开发记忆潜能，创造天才记忆

提高你的内部主观记忆

主动编码和存储策略

无错误学习

无错误学习是一个需要理解的重要概念。有个秘密就是，如果你要求别人猜出答案，他们就更有可能记住。事实上，如果他们是在指导下得出正确的答案，记住的可能性就还要大得多。

如果你问一个孩子："你能找到自己的足球吗？"他可能首先到床底下找，然后去客厅，再到楼梯下找，最后终于在那儿找到了。下一次，这个孩子的第一反应可能仍然是先到床底下找。

如果你换一种方式说"让我们找一下你的足球"，并且把头或眼睛转向楼梯，孩子就更有可能做出正确的反应。

几条总的规则

（1）更少是为了更好

第一条策略是问一下自己："这是不是我真的需要记住的？"虽然我们的大脑容量非常大，但你还是需要选择自己所需要记住的。试图记住太多新的东西可能产生干扰和负载过度，而这会让旧的信息更难以记起，要避免这个问题，就需要进行一定的筛选。

"我能现在就处理这个吗？"

你经常有机会能让自己一接到任务就处理，从而减轻自己记忆系统的负担，因为这样你就不需要对它进一步加工。重要的是要考虑你如何能让自己免于深度加工信息，从而可以让记忆对付更为重要的信息。例如，你没有必要记住每个人的电话号码，只要记住那些你经常打的就够了。

（2）不要害怕提问

要养成这样一个好习惯：尽量想办法向别人要信息，如他们的姓名，这让你无须加工这些信息而且它们也不会让你感到难堪。例如，如果有个你只见过一次或两次的人对你说："啊，非常抱歉，我记不起你叫什么。"你会感到被侮辱了吗？可能不会。如果他猜错了你的名字，你受到的侮辱可能更大。在你犯下令人尴尬的错误（而且有第二次还会犯错的风险）之前，让他确认自己的姓名可能会是一个好主意。

事实上，无错误学习指出，如果你去猜人名，那么当你第二次碰见同一个人时，你记得的可能是你猜错的名字而不是正确的。无错误学习通过对事物的确认而不是假设另外的情况，帮助你的记忆系统巩固正确的记忆。所以，不要去猜（即使机会是50%），出于你的礼节和记忆的考虑，还是再问一下的好。

死记硬背式学习

我们经常习惯于用重复的形式——例如，通过一遍又一遍地反复阅读来学习，这种方式叫作死记硬背式学习。研究表明，这种方式并非真正有效。设想你正在复习，准备参加一场历史考试。就某一个主题，你就有许多的史实、日期和人名要了解。你翻看笔记、把关键的细节列出了一个清单，然后反复看了多遍。在考试中，你在回答论述题时十分得心应手，并且将你所记得的大约50%的史实、日期和人名尽可能地塞进答案中，可你还是只及格而已。

死记硬背式学习的缺点在于它只是一种浅显的加工形式。要记得更牢，就必须对信息进行更为深刻的学习，让自己在很久以后仍然能有效地回忆起来。要做到这点，就需要你使用额外的策略。

分块

把信息分成小块有助于回忆，通过对资料进行组织可以帮助你记忆。在记号码时进行分块非常管用。2064116890 这个号码可以这样记：

2 0 6 4 1 1 6 8 9 0

这个信息共有 10 个部分，如果你将这个号码分成 3 个部分，就容易记了：

206-411-6890

条理性策略

你的记忆越有条理，就越容易学习和记忆。正像在一团糟的办公桌上或乱七八糟的房间里难于找到东西一样，如果你的记忆库条理性很差，就难以记住东西。长时记忆的结果非常明确，存储库虽多，但相互之间都有一定的联系。因此，有组织的信息便于记忆。

从某种程度上来说，我们的长时记忆库有点像一个档案柜或电脑里的档案，其中主要的文件夹被分成几个小文件夹——我的账目、我的文件、我的图片等。在这些非常笼统的文件夹里，存有一些小的文件夹。除了有主题以外，这些小的文件夹还有日期。这种组织信息的方法使得在你需要信息时易于再现。

注意力集中的威力

如果你想要学或记某样东西，就一定要对它加以适当的关注。注意力集中能让我们处理信息，使之停留足够长的时间以备利用。它包含思维警觉状态、长时间全神贯注、不分心，并且有效地分配资源满足不同的需求。注意力集中程度差意味着人不能摄入信息，而后记忆也就没有机会进入我们的长时存储库。通常的情况是，丧失记忆或明显的"记忆力差"，仅仅是因为首次未能充分注意。虽然这实际上很明显，但你却不可以低估它的重要性。当你意识到注意力对记忆加工至关重要时，改善自己的记忆就容易了。

持续注意

我们大多数人过着繁忙的生活，有太多事情要做。由于有太多的琐事，我们不能集中注意重要的事情。因此，分辨重要的细节、人名，以及其他重要的东西的能力对于我们有效地回忆信息至关重要。

持续注意指的是我们在一段持续的时间内保持对某件事情注意的能力。动机和思维的激发程度是影响注意的关键因素。要使你的注意力保持足够长的时间，以便加工信息进入记忆（即对其进行编码），就必须留意自己的持续注意界面——20分钟、40分钟，也许再长一些，这取决于你正在加工的信息类型。

案例

设想你正在办公室的电脑前工作，旁边的电视里的财经频道正在播出股票信息。屏幕上的东西太多了，所以无法全部留意——商务信息、好几组数据、主持人的声音。你对节目的注意可能只能让你知道，此时的股市情况还可以。

设想现在你突然听到了股市的某一个板块（时装行业）因

为其中一家主要的时装公司破产而表现不佳的消息。这引起了你的注意，因为你手中握有的一些股票是时尚在线时装公司的。于是你开始收看收听任何关于这股股票的消息。你的注意力很大程度上在关注这个节目，留意是否会提到时尚在线股票的消息。节目播完后，你把注意力转回到工作上，对电视充耳不闻。

设想你最后打算在网上卖掉自己的时尚在线股票，但你的电脑出了故障。你正在听电脑服务部门的指导。你也许对这些指导听得非常专心，但如果你越来越焦急的话，就可能会警觉过度，你的思维就可能会因为刺激过度而过了最佳状态，使得这些指导在脑海中变得一团糟。事实上，你要担心的事情可能已经够多了，以致运作记忆已经没有足够的空间来容纳这些指导了。

管理注意力

当我们抱怨自己的注意力无法集中时，这通常意味着由于各种各样的事情使我们分心。学会管理自己的注意力将帮助你把注意力集中到自己所期望的方向。

构建自己的发电站

集中注意力是记忆的发电站。不管你学到了多少方法和技巧，你的记忆潜能都不会得到完全发挥，除非你学会了如何集中注意力。并不是每个人都能做到集中注意力，虽然它很重要，而且我们从小就接受过集中注意力的训练。我们在读书的时候，老师总会管束我们说："注意力集中啦，孩子们！"我们做得好的时候，他们也会说："非常棒！"

集中注意力练习

当你集中注意力时，你还应该考虑别的什么事情呢？一则就是要组织好时间。要留出一定的时间来完成特殊的任务，不要占用这些时间。我们很容易开始做一项任务，但这项任务并不是我们的兴趣所在，因此我们便习惯性地开始走神想别的重要的事情。于是，想着来杯咖啡，然后去看看报纸有没有到，接听电话聊聊天。既然你已经拿着电话了，就会想着不妨给朋友打个电话，然后继续聊。如果你意识到了这些情形，那么你不需要定期进行注意力集中的训练，但是你要学会合理利用自己的时间，充分利用时间来完成任务。

当你制订时间表时，要时刻参照你一天的行程。不要因为别人的打扰而将复杂的工作分成好几次。你可以选择别的不易被打扰的时间（比如清晨），这些时间非常宝贵。

在工作进程中，如果发现事先安排的时间表不合适，那么你可以对它进行改动。这不重要，重要的是你能够按照时间表的规定完成任务后，不会因为匆忙而心烦意乱。

分散注意力

你想把注意力保持在某件事情上，但除此之外的所有其他东西会通过引起你的兴趣与之争夺。有时，你可能需要有意识地在脑海中同时保留两件或更多事情，这被称为分散注意（或者如果只有两件就称作双重注意）。通常情况下，你会根据需要选择性地转移注意力，即你会先注意更为重要的事情，同时把另一件事情保留在脑海中，然后在它变得更为重要时转而注意它。这是执行多重任务最基础的技能。

案例

设想你还是在伏案工作。你想要做好一笔账，同时又想查一下某股股票现在的表现。因为听到股价开始上下波动的消息后，你正在考虑是否要将它出手。你所处的是一个敞开式的办公场所，当时里面一片嘈杂。这时，电话铃响了——一位客户想要查找一些信息。你一边和她交谈，一边再次查了一下所持股票的在线账户。通话结束后你回头继续工作，闻到调制咖啡的味道就做了个手势表示也想要一杯。有个同事问你是否打算参加办公室之间的足球挑战赛，之后你又查了一下股票。

在以上的案例中，你需要注意许多事情，但你仍能有效地进行处理。这是因为大脑天然的注意系统帮助你集中注意你当时所需要做的以及下一项手头的工作。如果有太多的信息资料涌入，那么你就会一筹莫展，而且如果你同时做多项任务，就可能会出错。有些人擅长分散注意，因而能同时做多项任务；有的人则更加讲究次序，即更擅长一次做一件事情。如果你对正在做的几件事情非常熟悉，那么，分散注意也就相对容易一些。

使信息有意义

记忆是信息被感知和编码的产物，使信息有意义会通过加深信息轨迹使之比其他只有浅度记忆的对象更加明显，从而提高我们的记忆。加工的程度越深，我们就记得越牢。

所以，如果你需要记住某个讲座、书上、专题探讨会、演讲或交谈中的信息，关键在于要确实地关注其意义所在。也就是说，你的记忆系统正在努力使得信息有意义。所以，如果你能有意识地帮助它这样做是有利的。问问题也有助于我们的理解。

苏格拉底法

使信息有意义的一种方法是由古希腊的哲学家苏格拉底发明的，并因此被称为苏格拉底法。苏格拉底的问题往往是"我对此已经了解多少"和"我从中能学到什么"等。换句话说，你正试图访问任何你已经为某个特殊类型的信息所写的剧本或计划，从而明白自己正在对它如何增补。

有一种记忆法可以帮助人们记住苏格拉底类型的问题从而帮助他们的记忆：预提阅总测，即：

预览：粗看一下信息，了解它大体说什么。

提问：你希望通过看或听这个信息回答哪些问题。

阅读：看或听。

总结：什么是该条信息的概要？

测验：你找到所有问题的答案了吗？

用"预提阅总测"测试一下你收看的电视节目或阅读的报刊文章，看它对你是否有用。

同他人一起讨论

就观点展开讨论对于你的记忆是非常有益的。通过这种方法，你可以描述你对某件事情的看法并得到别人的观点。你一旦真正理解了一个观点并能对它进行描述，那么今后记起它就容易得多，而且它还能自然地与你已经掌握的知识结合起来。如果你尚未完全掌握，或者知识中尚有缺口，那么它就会在讨论之中显现出来并得到填补。

扩充已有的知识

新的东西在我们学习之前，它可能看上去是一件令人生畏的事情。然而，我们一旦开始学习，知识的建立就越来越容易，因为它变得更有意义并构成了一幅图画。我们叫某些人专家就是这个原因：他们在创建了原始知识基础之后，越过通常的边界，扩充了自己的知识。

设想你计划去某个国家度假，这个地方你从未去过。你对它有个特别的感知，也许是在新闻中收看到的那儿发生的一些事件或是上学时上的地理课。到了那儿以后，你参观博物馆并租了一辆车四处游荡。在这段时间里，你一直在建立一个叫作"××国"的记忆信息库。

当你在新闻中看到有关这个国家的事情时，你学到的知识就更有意义，因此你会加以注意并收听。你理解其中的内容，而且容易将它们加入自己的知识并记住有关信息。

学习时的联系策略

有意地将你所想要记住的同自己所熟悉的结合，即，创造一种联系，对你的记忆存储系统是有帮助的。有些联系易于建立，但大多数事物之间的联系并不是十分明显，因而你必须更有创意才能建立联系。只要你能练习建立联系方式，就会逐渐对此擅长，而且一段时间后将能不假思索地这样做。

使用记忆帮助工具

它包括诗歌、有纪念意义的格言，以及其他可以用来唤醒记忆、帮助记忆的东西。你还可以自己编造一些来帮助自己记东西。

形象化

要学会将信息同可视的图像联系起来。困难的材料可以转换成图片或图表。具体的图像比抽象的观点、理念更令人难忘，图片为什么更令人难忘就是这个道理。如果要记住有关其他人的信息，用形象化的策略就特别管用。

对人名的形象化

可视的图像对记住人名（尤其是外国人名）非常有帮助。你可能会注意到自己能记住更加具体和形象化的人名，然而，大多数名字要抽象得多，这就是我们为什么都不善于记住它们的原因。在这些情况下，试一下将名字同有意义的可视图像联系起来。

首先，想一下某人的名字是怎样写的。

★ 图像对于记住人名大有帮助。这幅凡·高的自画像，一定会让你对他的名字印象深刻。

然后，试一下将这个名字同某个容易记住的东西联系起来，例如，麦克尔对着麦克风唱歌。

定位形象化

将手头的事情想象成一所有许多房间的房子是一种有用的技巧。你有几个不同种类的信息要记，因而就把每种类型的信息放在不同的房间里。当你需要记起什么时，你的思维就会在房子里走动，顺路挑出信息。

找到出路

许多人的方向感较差，但这很容易通过练习来提高。

仔细地看一下一张真正的地图，并形成一张形象化的地图，并使道路形象化。

当你在路上时，看地图试着思考一下。

如果道路错综复杂，在你上路之前就应在你的可视图像里加入有序的转向清单，那么在你去的时候就可以参照这个清单。

去了以后你还得回来。所以，在你去的时候，找一下路标（务必确保在你设计自己的路线时注意了关键的路标），这将有助于你回家。

▶ 最强大脑 ◀
拿来就用的超级记忆术

提高你的外部客观记忆

再现策略

如果你已经使用了策略，并进行编码和存储，那么你的记忆再现应该已经得到了提高。如果你仍有信息却不能完全找到，那么，针对这个还有一些有用的策略。

目录搜索

目录搜索可能是再现的有效线索。例如，你已经到了超市却忘了带写好的清单。当你在过道里走来走去时，看一下你在哪个区域——比如在食品区，思考一下自己在食品目录里可能需要的东西。

形象化搜索或脑海回顾

使用形象化搜索也许可以再现记忆，特别是针对你放错地方的东西，它包含在脑海中回顾自己的动作以及想法。例如，如果你找不到钱包，就想想你最后一次付钱是在什么地方。你把钱包放进自己口袋里了吗？查看口袋里有没有。如果没有，努力想一下从那以后是否用过钱包或者把它放在了别处。

实例：我把手机忘在哪儿了

走进这个房间之前，我在接待处签到。在此之前，我在车上。我把手机忘在接待处了吗？不会，否则他们会提醒我的。我把手机忘在车上了吗？我想不起是否将它带到了车上。嗯，上车之前我在哪儿呢？我在家里。我记得拿了电话，关上了门，然后将电话放进了口袋里并上了车，然后将它放在了仪表板杂物箱里。啊，对了，我把电话放在了仪表板杂物箱里了。

前后联系提示

在脑海中将自己放回到你所处的前后联系中可以帮助你更好地回忆。例如，试一下是否记得两天前午饭吃的是什么？让思绪回到所说的那天。你在哪儿？在哪儿吃的午饭？和谁在一起？吃了什么？现在你也许记起来了。

总结

再现策略有助于为了特殊的目的而加工信息。你可能只需要这个信息一会儿，但也许你会在下半辈子都需要它。重要的是根据你的记忆类型、需要加工的信息的种类，以及你的需要来选择对你有用的策略。

过河问题

假设你有一只鸡、一袋粮食和一只猫在河的一面，你的任务是把所有事物都带到河的另一面，但是船很小，只能容载你和其中一个。同时，不能把鸡和粮食留下，否则鸡会吃掉粮食；也不能把猫和鸡留下，否则猫会把鸡追跑。你怎样用最少的渡河次数，把这三件事物都带到河的另一面呢？

解决方法如下：首先，带一只鸡到河的另一面，放下后返回。接下来，带粮食到河的另一面，同时将那只鸡带回。然后放下鸡，把猫带到河的另一面，和粮食放在一起。最后再回去把鸡带到另一面。

你可能需要花些时间才能习惯于使用策略。在开始的时候，它甚至可能还会让你慢一拍，但它是有帮助的，而且很快它就开始给你回报。

我们还能做其他什么事情来帮助自己记得更牢呢？有一个普遍的错误观点，如果你依赖于一个写下来的记忆系统，就不能提高自己的记忆力。而临床医学研究所揭示的真相恰恰与之相反。事实上，正是那些写下来并组织信息的人比只是用主观策略（他们经常忘记使用的）的人在记忆技巧上得到更大的提高。写下并思考信息的举动似乎比仅仅试图去记住它更能锻炼记忆系统。

时间管理

这是提高你的计划性和条理性并最终提高自己记忆表现的一个有效方法。你们许多人听说过这个观点，但它的真正含义是什么呢？答案是通过创建一个系统来有效地处理并享受工作和人生。我们每个人都有不同的做事方法、不同的义务等，但你仍然可以应用一些基本的原则：

（1）草拟一份人生计划。

（2）使用电子管理器。

（3）把事情做完。

（4）委派任务。

（5）列出清单。

（6）学会说"不"。

（7）不要工作得太晚。

草拟一份人生计划

人生计划不仅关于你的工作方面，还关于你的整个生活、人际关系、家庭、朋友、健康、日常琐事等，它们每一样都得编织进你的计划里。草拟人生计划可以分两步走。

做一个周计划

它能帮助你计算出：什么事你花的时间最多；什么是你喜欢做却没有做的；你有没有花足够的时间在家庭上；你访友的次数够不够；你有没有时间做日常琐事……

这样做可以让你有机会仔细地看一下你在工作、家庭和休闲之间的时间分配比例，并帮助你恢复平衡并同时掌控所有的事情。

做一个月计划

在这个计划中可以使用电子管理器，因为它能让你一次性看到整个月。分配好工作时间后，试着给陪伴父母、约见朋友、锻炼身体、购买食物等安排成块的时间。确保你还留有一些空余的时间，因为你不想让生活太军事化管理，因而需要一些计划外的事情来调剂，如给自己的自由支配时间或者一时冲动外出旅行。也不要一周每个晚上都有安排，因为你会发现自己如果过度劳累，就会开始感觉有些失去控制，并会注意到短时记忆和任何复杂的事情变得完全不同。

把事情做完

有个好方法就是在估计某件工作需要多长时间时多估一点，以保证及时完成，万一有不可预见的拖延，也能使紧张感最小化。这甚至可能意味着能比预想的早回家，给自己的伴侣或家人一个惊喜。它会给你的老板或客户留下一个印象。他们很欣慰你会准时完成任务。最重要的一点是，它能让你避免处于紧张状况之中，因而就能更加放松并发挥出非常好的潜能。

列出清单

列清单对你有非常大的帮助。它也是将你头脑中的想法写在纸上，从而解放你的大脑的一个好方法。它能帮助你时时掌控局势，并在有关项目完成后进行核对。开发一个适合你自己的清单系统。你可以从以下几条做起：

·早晨的第一件事，写下你要做的每一件事情，无论大小。

·然后将这份清单进行分解。把当天必须做的用星号标出，或将它们按照重要性的次序排列。现实一点，不要写自己没有时间达到的目标。

·查对项目，因而能清楚当天还剩多少时间以及还有多少要做。如果你有条理就能做完每件事情。

如果有许多费脑费时的任务要完成，就把当天的时间分成几大块，然后按照既定时间进行。例如，用一天的一个小时完成小的行政事务。这样，你的大脑就能解放出来，去一个一个地处理更为重要的任务。

为了最大限度地利用时间，你应该尽量在一天当中注意力最集中和精力最好的时候干最难的工作。

因此，在计划次序时尽量把低级的工作安排在一天当中你感到难以集中注意力的时候去做。窍门是明确自己表现最好的那几个小时，并据此安排自己的工作。

学会说"不"

我们从不知道做什么能让那些工作极度无序的人说"不"——这很难做到。然而，管理其他人也是生活中最能造成混乱的因素之一，而有效的时间管理和处理技巧就取决于你学会了说"不"的技巧。好消息是你用得越多就越容易。

案例

星期四的傍晚，你正打算回家。你事先已经对这一周和下一周进行了周密的计划，并且这周五可以在下午5点离开，回家享受一下夏日之夜。你感觉到一切在掌握之中并且心情放松，正享受着工作与生活的乐趣。

有个同事打电话来，说她已经在下周一下午3：30安排了一个销售展示会，要求你参与会议准备。你十分尴尬，因为感到自己很难说"不"。

让我们看一下两种可能的结果。

（1）你说"好的"

这意味着你不得不重新调整周五的计划，因为你要为会议做准备。通知得这么晚，会议也不是很紧要，而且也可以安排别人，对此你感到有点懊恼。

你的计划受到了改变，你开始感到紧张，因此回到家时心情不快。因为你并不真正想参加会议，所以对它也就兴致不高。周一你到家晚了，而且你仍然未和老板吃个饭——原定上周五准备一起吃饭的，因为老板很忙，然后要去度假，所以一个月内不可能再安排一次与他会面。你的同事下次还会要你帮忙，因为她知道你一定会说"好的"。

（2）你说"不行"

你已经花了时间对下一周做好了计划，而且安排好的每件事情都很重要。参加这个会议意味着将取消你盼望已久的与老板的午餐会议——讨论自己的前途。这个会议是个销售会议，而且不是十分必要。所以你说"不行"。你说"对不起，自己那天已经有了安排"。你解释说自己的日程安排已经较忙，需要再提前一点儿通知，并建议重新安排会议时间，那么自己很乐意帮忙。

虽然你的同事说她接到通知也没多久，而且听上去有些不满，但你不用过于在意。你很高兴自己做出了正确的决定。这不是你的问题，而仅仅因为你的同事把她自己弄得紧张不堪，并不意味着你也应该被逼到绝境。你只需按原计划行事，保持轻松，就能掌控一切。

不要工作得太晚

如果你有条理，那么没有必要工作得太晚。工作得太晚让你又累又紧张，而且干扰你支配时间。当然，我们有时不得不工作到很晚，但如果你发现自己经常性地工作到很晚，那么你就很有可能需要更好地对待你的工作负担问题了。不要期望以工作到很晚来给老板留下好印象，因为他可能会认为你对事务难以驾驭，因而你想要留个好印象的想法可能适得其反。比它好得多的办法是规划自己的时间、努力工作、保持精神抖擞，并且不要让工作太多地侵占自己的个人时间。

我们不应该忘记的是，我们是为了生活而工作。为了自己的身体健康，适当的时候最好先把工作放一下。

提高自己的组织能力

不要丢失日常物品

养成总是把东西放在一个地方的习惯。例如，在门边放上一排钩子，总是将自己的钥匙放在那儿。

将银行账单，以及其他东西分开存档。这样就能帮助你记住哪些你已经做了，哪些需要去做。

列清单

列出所有你需要做的，记得将它们按先后次序排列。每完成一件就将它勾掉。

为明天做准备

每天晚上，仔细考虑一下自己明天需要什么，然后在睡前整理好自己的行囊或公文包。这样就能避免在第二天早上匆匆忙忙，以至于忘了自己当天所需的重要东西。

在门边放一张清单以便在自己离开前查一下是否一切完备。

为明天做计划

你可以把这个系统扩展为针对每一天的改良清单。试着在每天结束时划掉所有的事项，然后在晚上就能放松休息，睡得更好，精神焕发地迎来新的一天。

为下周做计划

星期五的下午对下周所要做的所有事情进行统一安排。把你需要做的工作、家务事，或者学习进度列出一张清单。对它们区分优先次序，同时注意你能做多少。从时间关系上看一下你所计划要做的事情以及其他的事情，然后决定你的计划是否最大程度地利用了自己的时间。在一周结束时，写出这样一份清单能让你头脑清醒地过个周末，这意味着你因为知道一切在自己的控制之中而可以放松地休息。到了星期一的早晨，你知道自己能在下一周里完成自己所需要做的，而且不会忘记重要的事项。

激发永久记忆

这个练习旨在激发你的永久记忆。你不需要做任何的思考，它能自动地形成。这样可能有一点不便。有时，你可能会为回忆不起一件往事而闷闷不乐，而有时你回想起来的事情没有意义，会让你心烦意乱甚至更糟，令你不愉快。

怎么办呢？我们要蓄势待发，刺激我们的永久记忆。这样做的方法有很多。最简单的就是，坐下来回顾往事。你可以漫无目的地畅游在往事之中，也可以搭建回忆的思路（童年往事、校园生活、难忘的经历，任何能使你产生回忆的事情），任由你的思绪漫步在往事中。你越是放松就越能回想起美好的往事。另外一种刺激记忆的方法就是将所有的往事记录下来（不需要很专业的写作水平，简单的笔记就可以），或者向你的亲戚朋友讲述往事。如果你确定需要寻找倾诉的对象，那么这个人一定要愿意倾听你的往事而且要值得信赖。

还有一种激发永久记忆的方法便是看看能使你产生回忆的小物件和照片，或者你曾经经常去的地方。这是非常重要的引导因素，你会发现一旦你照着做了，一些思绪就会像泉水般汩汩涌出。

最后，你应该向朋友、亲戚，或熟人袒露心扉，讲讲你的往事。很多人现在热衷于这样做。

对于许多人来说，整理好永久记忆会给我们带来很多好处。它能帮助我们形成健康的思维，进行良好的自我定义，对自己充满信心，相信自己能适应自己的生活。你可以从中得到温暖和安全感，这是你服用药物所不能得到的好处。

但是，如果你的过去有争执、不快，以及压抑的情感，你必须找一个经验丰富的心理医生帮助整理思绪，回忆往事。

为了使你能有美好的回忆旅程，试着接受以下几点建议。

（1）写下或说说你记忆犹新的一件往事。如果你有许多开心的回忆，选择一件最令你高兴的事。检索思绪能锻炼你的思维，同时会让你觉得有意义。

（2）和朋友讨论，谁是你最想再次见到的人。为什么他对你如此的重要？回忆所有与他相关的事情。一旦你开始回忆，你会发现其他的往事已经浮现在你眼前。

（3）列举你的成就。不需要什么宏伟的成就，小小的成就对你来说也是很有意义的。

（4）说出你小时候最喜爱的电视节目，尽可能回忆所有的细节。你为什么喜欢这个节目？如果现在有重播，你是否还会一如既往地喜欢？

（5）写一些关于宠物的事。与宠物在一起的时光总是那么美好，它对你回想往事有很大的影响力。

（6）列举一个改变（或者试图改变）你的一生的人。如果你再次遇见他，你会对他说什么？

（7）回想你记忆最深刻的关于你的父母的事。关于父母的一些回忆往往也是非常重要的。

（8）你从事过的最好的工作是什么？最坏的呢？你是否在走自己期望的事业路线？你喜欢自己的工作、生活吗？或者你是否想做一些不同的事情？

（9）你最想"回放"的一件往事是什么？如果可以再来

一次，你想改变什么吗？或者它已经非常完美，你还想有改变吗？

（10）回想过去的某一天，越详细越好。不仅仅是对人和事的回忆，同时要跟随对于事物的颜色、质地和气味的感觉。

第五章

左右脑开发，拥有超级记忆力

思维是激发记忆潜能的魔法

启动大脑的发散性思维

思维导图是发散性思维的表达，作为思维发展的新概念，发散性思维是思维导图最核心的表现。

比如下面这个事例。

在某个公司的活动中，公司老总和员工们做了一个游戏：

组织者把参加活动的人分成了若干个小组，每个小组选出一个小组长扮演"领导"的角色，不过，大家的台词只有一句，那就是要充满激情地说一句："太棒了！还有呢？"其余的人扮

演员工，台词是："如果……该多好！"游戏的主题词设定为
"马桶"。

当主持人宣布游戏开始的时候，大家出现了一阵习惯性的
沉默，不一会儿，突然有人开口："如果马桶不用冲水，又没有
臭味该多好！"

"领导"一听，激动地一拍大腿："太棒了！还有呢？"

另外一个员工接着说："如果坐在马桶上也不影响工作和娱
乐该多好！"

又一位"领导"也马上伸出大拇指："太棒了！还有呢？"

"如果小孩在床上也能上马桶该多好！"

……

讨论进行得热火朝天，各人想法天马行空，出乎大家的意料。

这个公司的管理人员对此进行了讨论，并认为有三种马桶
可以尝试生产并投入市场：一种是能够自行处理，能把废物转
化成小体积密封肥料的马桶；一种是带书架或耳机的马桶；还
有一种是带多个"终端"的马桶，即小孩老人都可以在床上方
便，废物可以通过"网络"传到"主"马桶里。

这个游戏获得了巨大的成功，成功之一是得益于发散性思
维的运用。

针对这个游戏，我们同样可以利用思维导图表示出来。

大脑作为发散性思维联想"机器"，思维导图就是发散性思
维的外部表现，因为思维导图总是从一个中心点开始向四周发

散，其中的每个词汇或者图像自身都成为一个子中心，整个合起来以一种无穷无尽的分支链的形式从中心向四周发散，或者归于一个共同的中心。

我们应该明白，发散性思维是一种自然的思维方式，人类所有的思维都是以这种方式发挥作用的。一个人拥有发散性思维的大脑，并以一种发散性的形式来表达自我，它会反映自身思维过程的模式，给我们更多更大的帮助。

超右脑照相记忆法

不可忽视的右脑照相记忆

著名的右脑训练专家七田真博士曾对一些理科成绩只有30分左右的小学生进行了右脑记忆训练。所谓训练，就是这样一种游戏：摆上一些图片，让他们用语言将相邻的两张图片联想起来记忆，比如"石头上放着草莓，草莓被鞋踩烂了"等。

这次训练的结果是这些只能考30分的小学生都能得100分。

通过这次训练，七田真指出，和左脑的语言性记忆不同，右脑中具有另一种被称作"图像记忆"的记忆，这种记忆可以使只看过一次的事物像照片一样印在脑子里。一旦这种右脑记忆得到开发，那些不愿学习的人也可以立刻拥有出色记忆力，变得"聪明"起来。

同时，这个实验告诉我们，每个人自身都储备着这种照相记忆的能力，你需要做的是如何把它挖掘出来。

现在我们来测试一下你的视觉想象力。你能内视到颜色吗？或许你会说："噢！见鬼了，怎么会这样。"请赶快闭上你的眼睛，内视一下自己眼前有一个红色、黑色、白色、黄色、绿色、蓝色然后又是白色的电影银幕。

看到了吗？哪些颜色你觉得容易想象，哪些颜色你又觉得想象起来比较困难呢？还有，在哪些颜色上你需要用较长的时间来想象？

请你再想象一下眼前有一个画家，他拿着一支画笔在一张画布上作画。这种想象能帮助你提高对颜色的记忆。你多练习几次就知道了。

当你有时间或想放松一下的时候，请经常重复做这一练习。你会发现一次比一次更容易地想象了。当然你可以做做白日梦，从尽可能美好的、正面的图像开始，因为根据经验，正面的事物比较容易记在头脑里。

你可以回忆一下在过去的生活中，一幅让你感觉很美好的画面：例如某个假日、某种美丽的景色、你喜欢的电影中的某个场面等。请你尽可能努力地并且带颜色地内视这个画面，想象把你自己放进去，把这张画面的所有细节都描绘出来。在繁忙的一天中用几分钟闭上你的眼睛，在脑海里呈现一下这样美好的回忆，如此你必定会感到非常放松。

当然，照相记忆的一个基本前提是你需要把资料转化为清晰、生动的图像。

清晰的图像就是要有足够多的细节，每个细节都要清晰。

比如，要在脑中想象"萝卜"的图像，你的"萝卜"是红的还是白的？叶子是什么颜色的？萝卜是沾满了泥还是洗得干干净净的呢？

图像轮廓越清楚，细节越清晰，图像在脑中留下的印象就越深刻，越不容易被遗忘。

再举个例子，比如想象"公共汽车"的图像，就要弄清楚你脑海中的公共汽车是崭新的还是又老又旧的？车有多高、多长？车身上有广告吗？车是静止的还是运动的？车上乘客很多，还是人比较少？

生动的图像就是要充分利用各种感官，视觉、听觉、触觉、嗅觉、味觉，给图像赋予这些感官可以感受到的特征。

想象萝卜和公共汽车的图像时都用到了视觉效果。

在这两个例子中也可以用到其他几种感官效果。

在创造公共汽车的图像时，也可以想象：公共汽车的笛声是小还是大？如果是老旧的公共汽车，行驶起来是不是不顺畅？在创造萝卜的图像时，可以想象一下：萝卜皮是光滑的还是粗糙的？生萝卜是不是有种清香味？如果咬一口，又会是一种什么味道呢？

右脑照相记忆训练

经过上面的几个小训练之后，你关闭的右脑大门或许已经逐渐开启，但要想形成"一眼记住全像"的照相记忆，你还必须要进行下面的训练：

（1）一心二用（5分钟）

"一心二用"训练就是锻炼左右手同时画图。拿出一根铅笔，左手画横线，右手画竖线，要两只手同时画。练习一分钟后，左手画竖线，右手画横线。一分钟之后，再交换，反复练习，直到画出来的图形完美为止。这个练习能够强烈刺激右脑。

你画出来的图形还令自己满意吗？刚开始的时候画不好是很正常的，不要灰心，随着练习的次数越来越多，你会画得越来越好。

（2）想象训练（5分钟）

我们都有这样的体会，记忆图像比记忆文字花费时间更少，也更不容易忘记。因此，在我们记忆文字时，也可以将其转化为图像，记忆起来就简单得多，记忆效果也更好了。

想象训练就是把目标记忆内容转化为图像，然后在图像与图像间创造动态联系，通过这些联系能很容易地记住目标记忆内容及其顺序。正如本书前面章节所讲，这种联系可以采用夸张、拟人等各种方式，图像细节越具体、越清晰越好。但这种想象又不是漫无边际的，必须用一两句话就可以表达。

如现在有两个水杯、两只蘑菇，请设计一个场景，水杯和蘑菇是场景中的主体，你能想象出这个场景是什么样的吗？越奇特越好。

对于照相记忆，很多人不习惯把资料转化成图像，不过，只要能坚持不懈地训练就可以了。

另类思维创造记忆天才

"0"是尽人皆知的一种最简单的数字。这里，除了数字表意功能以外，请你发挥创造性想象力，静心苦想一番，看看"0"到底是什么，你一共能想出多少种，想得越多越好，一般不应少于30种。

为了使你能尽快地进入角色，现做如下提示：有人说这是零，有人说这是脑袋，有人说这是地球，有人说这是宇宙。几何教师说"是圆"，英语老师说"是英文字母O"，化学老师讲"是氧元素符号"，美术老师讲"这是一个蛋"。幼儿园的小朋友们认为"是面包""是铁环""是项链""是孙悟空头上的金箍咒""是杯子""是叔叔脸上的小麻坑"……

另类思维创造记忆天才

另类思维就是能对事物做出多种多样的解释。

之所以说另类思维创造记忆天才，是因为所谓"天才"的思维方式和普通人的传统思维方式是不同的。一般记忆天才的思维主要有以下几个方面：

思维的多角度

记忆天才往往会发现某个他人没有采取过的新角度。这样培养了他的观察力和想象力，同时也能培养他的思维能力。通过对事物多角度的观察，在对问题认识得不断深入中，就记住了要记住的内容。

大画家达·芬奇认为，为了获得有关某个问题的构成的知识，首先要学会如何从许多不同的角度重新构建这个问题。当他觉得，他看待某个问题的第一种角度太偏向于自己看待事物的通常方式，他就会不停地从一个角度转向另一个角度，重新构建这个问题。他对问题的理解和记忆就随着视角的每一次转换而逐渐加深。

善用形象思维

伽利略用图表形象地体现出自己的思想，从而在科学上取得了革命性的突破。天才们一旦具备了某种起码的文字能力，似乎就会在视觉和空间方面形成某种技能，使他们得以通过不同途径灵活地展现知识。当爱因斯坦对一个问题做过全面的思考后，他往往会发现，用尽可能多的方式（包括图表）表达思考对象是必要的。他的思想是非常直观的，他运用直观和空间的方式思考问题，而不用沿着纯数学和文字的推理方式思考问题。爱因斯坦认为，文字和数字在他的思维过程中发挥的作用并不重要。

天才设法在事物之间建立联系

如果说天才身上体现的一种特殊能力，那就是他具有把不同的对象放在一起进行比较的能力。这种在没有关联的事物之间建立关联的能力使他们能很快记住别人记不住的东西。德国化学家弗里德里·凯库勒梦到一条蛇咬住自己的尾巴，从而联想到苯分子的环状结构。

天才善于比喻

亚里士多德把比喻看作天才的一个标志。他认为，那些能够在两种不同类事物之间发现相似之处并把它们联系起来的人具有特殊的才能。如果相异的东西从某种角度看上去确实是相似的，那么，它们从其他角度看上去可能也是相似的。这种思维能力加快了记忆的速度。

创造性思维

我们的思维方式通常是复制性的，即，以过去遇到的相似问题为基础。

相比之下，天才的思维具有创造性。遇到问题的时候，他们会问："能有多少种方式看待这个问题？""怎么反思这些方法？""有多少种解决问题的方法？"他们常常能对问题提出多种解决方法，而有些方法是非传统的，甚至可能是奇特的。

运用创造性思维，你就会找到尽可能多的可供选择的记忆方法。

诺贝尔奖获得者理查德·费因曼在遇到难题的时候总会萌发出新的思考方法。他觉得，自己成为天才的秘密就是不理会过去的思想家们如何思考问题，而是创造出新的思考方法。你如果不理会过去的人如何记忆，而是创造新的记忆方法，那你有可能也会成为记忆天才。

左右脑并用创造记忆的神奇效果

给知识编码，加深记忆

编码记忆让你快速记忆

编码记忆是指为了更准确而且快速地记忆，我们可以按照事先编好的数字或其他固定的顺序记忆。编码记忆方法是研究者根据诺贝尔奖获得者美国心理学家斯佩里和麦伊尔斯的"人类左右脑机能分担论"，把人的左脑的逻辑思维与右脑的形象思维相结合的记忆方法。

编码记忆法有利于开发右脑

反过来说，经常用编码记忆法练习，也有利于开发右脑的形象思维。其实早在 19 世纪时，威廉·斯托克就已经系统地总结了编码记忆法，并编写成了《记忆力》一书，于 1881 年正式出版。编码记忆法的最基本点，就是编码。

所谓"编码记忆"就是把必须记忆的事情与相应数字相联系并进行记忆。

例如，我们可以把房间里的东西编号如下：1. 房门；2. 地板；3. 鞋柜；4. 花瓶；5. 日历；6. 橱柜；7. 壁橱。如果说"2"，马上回答"地板"。如果说"3"，马上回答"鞋柜"。这样将各数字号码记住，再与其他应该记忆的事项进行联想。

开始先编 10 个左右的号码。先对脑子里浮现出的房间物品的形象进行编号。以后只要想起编号，就能马上想起房间内的各种事物，这只需要 5 ~ 10 分钟即可记下来。在反复练习过程中，就能清楚地记忆了。

这样的练习进行得较熟练后，再增加 10 个左右。如果能做几个编码并进行记忆，就可以灵活应用了。你也可以把自己的身体各部位进行编码，这样对提高记忆力非常有效。

作为编码记忆法的基础，如前所述，就是把房间各部位编上号码，这就是记忆的"挂钩"。

请你把下述实例，用联想法联结起来，记忆一下这件事：1. 飞机；2. 书；3. 橘子；4. 富士山；5. 舞蹈；6. 果汁；7. 棒球；8. 悲伤；9. 报纸；10. 信。

先把这件事按前述编码法联结起来，再用联想的方法记忆。联想举例如下：

（1）房门和飞机：想象房门处被巨型飞机撞击或撞出火星。

（2）地板和书：想象地板上的书在脱鞋。

（3）鞋柜和橘子：想象打开鞋柜后，无数橘子飞出来。

（4）花瓶和富士山：想象花瓶上长出富士山。

（5）日历和舞蹈：想象日历在跳舞。

（6）橱柜和果汁：想象装着果汁的大杯子里放的不是冰块，而是橱柜。

（7）壁橱和棒球：想象棒球运动员把壁橱当成防护用具。

（8）画框和悲伤：画框掉下来砸了脑袋，最珍贵的画框摔坏了，因此而伤心流泪。

（9）海报和报纸：想象报纸代替海报贴在墙上。

（10）电视机和信：想象大信封上装有荧光屏，信封变成了电视机。

如按上述方法联想记忆，无论采取什么顺序都能马上回忆出来。

这个方法也能这样进行练习，先在纸上写出 1 ~ 20 的号码，让朋友说出各种事物，让事物写在号码下面，同时用联想法记忆。然后让朋友随意说出任何一个号码，如果回答正确，画一条线勾掉。

掌握了编码记忆的基本方法后，身边的事物都可以编上号码进行记忆，把记忆内容回忆起来。

用夸张的手法强化印象

开发右脑的方法有很多，荒谬联想记忆法就是其中的一种。我们知道，右脑主要以图像进行思考，荒谬记忆法几乎完全建立在这种方式的基础之上，从所要记忆的一个项目上尽可能荒谬地联想到其他事物。

古埃及人在《阿德·海莱谬》中有这样一段话："我们每天所见到的琐碎的、司空见惯的小事，一般情况下是记不住的。

而听到或见到的那些稀奇的、意外的、低级趣味的、丑恶的或惊人的触犯法律等异乎寻常的事情，却能长期记忆。因此，在我们身边经常听到、见到的事情，平时也不去注意它，然而，在少年时期所发生的一些事却记忆犹新。那些用相同的目光所看到的事物，那些平常的、司空见惯的事很容易从记忆中漏掉，而一反常态、违背常理的事情，却能永远铭记不忘，这是否违背常理呢？"

古埃及人当时并不懂得记忆的规律才有此疑问。其实，在记忆深处对那些荒诞、离奇的事物更为着迷……这就是荒谬记忆法的来源，概括地讲，荒谬联想指的是非自然的联想，在新旧知识之间建立一种牵强附会的联系。这种联系可以是夸张的。

荒谬记忆法

你可以用这种记忆法来记住你所学过的英语单词。例如你用这种方法只需要看一遍英语单词，当你一边看这些单词，一边在头脑中进行荒谬的联想时，你会在极短的时间内记住近 20 个单词。

例如，记忆"Legislate（立法）"这个单词时，可先将该词分解成 leg、is、late 三个字母，然后把"Legislate"记成"为腿（Leg）立法，总是（is）太迟（late）"。这样荒谬的联想，以后我们就不容易忘记。关于学习科目的记忆方法，我们在后面章节中会提到。在这一节中，我们从最普通的例子说明荒谬联想记忆应如何操作。

荒谬记忆法的运用

以下是 20 个词汇，如果应用荒谬记忆法，你将能够在一个短得令人吃惊的时间内记住它们：

地毯　纸张　瓶子　床　鱼　椅子　窗子　电话　香烟　钉子　打印机　鞋子　麦克风　钢笔　收音机　盘子　胡桃壳　马车　咖啡壶　砖块

你要做的第一件事是，在心里想到一张图画——"地毯"。你可以把它与你熟悉的事物联系起来。实际上，你很快就能看到你自己家里的地毯。或者想象你的朋友正在卷起你的地毯。

这些你熟悉的词汇本身将作为你已记住的事物，你现在知道或者已经记住的事物是"地毯"这个词汇。现在，你要记住的事物是"纸张"。你必须将地毯与纸张相联想或相联系，联想必须尽可能地荒谬。如想象你家的地毯是纸做的，想象瓶子也是纸做的。

接下来，在床与鱼之间进行联想或将二者结合起来，你可以"看到"一条巨大的鱼睡在你的床上。

现在是鱼和椅子，一条巨大的鱼正坐在一把椅子上，或者一条大鱼被当作一把椅子用，你在钓鱼时正在钓的是椅子，而不是鱼。

椅子与窗子：看见你自己坐在一块玻璃上，而不是在一把椅子上，并感到扎得很痛，或者是你自己猛力地把椅子扔到关闭着的窗子上，在进入下一幅图画之前先看到这幅图画。

窗子与电话：看见你自己在接电话，但是当你将话筒靠近你的耳朵时，你手里拿的不是电话而是一扇窗子；或者是你可以把窗户看成是一个大的电话拨号盘，你必须将拨号盘移开才能朝窗外看，你能看见自己将手伸向一扇窗玻璃去拿起话筒。

电话与香烟：你正在抽一部电话，而不是一支香烟，或者是你将一支大的香烟向耳朵凑过去对着它说话，而不是对着电话筒，或者你自己拿起话筒来，一百万根香烟从话筒里飞出来打在你的脸上。

香烟与钉子：你正在抽一颗钉子，或你正把一支香烟而不是一颗钉子钉进墙里。

钉子与打字机：你在用一颗巨大的钉子钉进一台打字机，或者打字机上的所有键都是钉子。当你打字时，它们把你的手弄得很痛。

打字机与鞋子：看见你自己穿着的是打字机，而不是穿着鞋子，或是你用你的鞋子在打字，你也许想看看一只巨大的带键的鞋子，是如何在上边打字的。

鞋子与麦克风：你穿着麦克风，而不是穿着鞋子，或者你在对着一只巨大的鞋子播音。

麦克风和钢笔：你用一个麦克风，而不是一支钢笔写字，或者你在对一支巨大的钢笔播音和讲话。

钢笔和收音机：你能"看见"一百万支钢笔喷出收音机，或是钢笔正在收音机里表演，或是在大钢笔上有一台收音机，你正在那上面收听节目。

收音机与盘子：把你的收音机看成是你厨房的盘子，或是你正在吃收音机里的东西，而不是盘子里的。或者你在吃盘子里的东西，并且当你在吃的时候，听盘子里的节目。

盘子与胡桃壳："看见"你自己在咬一个胡桃壳，但是它在你的嘴里破裂了，因为那是一个盘子，或者想象用一个巨大的胡桃壳盛饭，而不是用一个盘子。

胡桃壳与马车：你能看见一个大胡桃壳驾驶一辆马车，或者看见你自己正驾驶一个大的胡桃壳，而不是一辆马车。

马车与咖啡壶：一只大的咖啡壶正驾驶一辆小马车，或者你正驾驶一把巨大的咖啡壶，而不是一辆小马车，你可以想象你的马车在炉子上，咖啡在里边过滤。

咖啡壶和砖块：看见你自己从一块砖中，而不是一个咖啡壶中倒出热气腾腾的咖啡，或者看见砖块，而不是咖啡从咖啡壶的壶嘴涌出。

这就对了！如果你的确在心中"看"了这些心视图画，你再按从"地毯"到"砖块"的顺序记20个词汇就不会有问题了。当然，要多次解释这点比简简单单照这样做花的时间多得多。在进入下一个词汇之前，只能用很短的时间再审视每一幅通过联想进行的画面。这种记忆法的奇妙是，一旦记住了这些荒谬的画面，词汇就会在你的脑海中留下深刻的印象。

神奇比喻，降低理解难度

比喻记忆法就是运用修辞中的比喻方法，使抽象的事物转化成具体的事物，从而符合右脑的形象记忆能力，达到提高记忆效率的目的。人们写文章、说话时总爱打比方，因为生动贴切的比喻不但能使语言和内容显得新鲜有趣，而且能引发人们的联想和思索，并且容易加深记忆。

神奇的比喻易于理解记忆

比喻与记忆密切相关，那些新颖贴切的比喻容易纳入人们已有的知识结构，使被描述的材料给人留下难以忘怀的印象。其作用主要表现在以下几个方面：

变未知为已知

例如，孟繁兴在《地震与地震考古》中讲到地球内部结构时曾以"鸡蛋"打比方："地球内部大致分为地壳、地幔和地核三大部分。整个地球，打个比方，它就像一个鸡蛋，地壳好比是鸡蛋壳，地幔好比是蛋白，地核好比是蛋黄。"这样，把那些尚未了解的知识与已有的知识经验联系起来，人们便容易理解和掌握。

再如沿海地区刮台风，内地绝大多数人只是耳闻，未曾目睹，而读了诗人郭小川的诗歌《战台风》后，便有身临其境之感。"烟雾迷茫，好像十万发炮弹同时炸林园；黑云乱翻，好像十万只乌鸦同时抢麦田"；"风声凄厉，仿佛一群群狂徒呼天抢地咒人间；雷声呜咽，仿佛一群群恶狼狂嚎猛吼闹青山"；"大雨哗哗，犹如千百个地主老爷一齐挥皮鞭；雷电闪闪，犹如千百个衙役腿子一齐抖锁链"。

这些比喻，把许多人未能体验过的特有的自然现象活灵活现地表达出来，开阔了人们的眼界，同时也深化了记忆。

变平淡为生动

例如，朱自清在《荷塘月色》中写到花儿的美时这么说："层层的叶子中间，零星地点缀着些白花，有袅娜地开着的，有羞涩地打着朵儿的，正如粒粒的明珠，又如碧天里的星星。"

有些事物如果平铺直叙，大家会觉得平淡无味，而恰当地运用比喻，往往会使平淡的事物生动起来，使人们兴奋和激动。

变深奥为浅显

东汉学者王充说："何以为辩，喻深以浅。何以为智，喻难以易。"就是说应该用浅显的话来说明深奥的道理，用易懂的事例来说明难懂的问题。

运用比喻，还可以帮助我们很快记住枯燥的概念公式。例如，有人讲述生物学中的自由结合规律时，用篮球赛来做比喻加以说明：赛球时，同队队员必须相互分离，不能互跟。这好

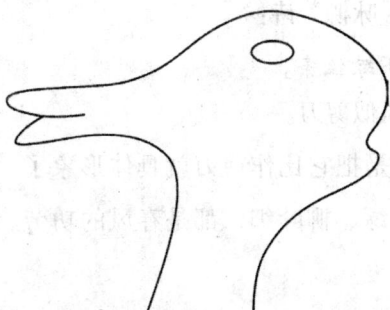

★ 图中是鸭子还是兔子？如果被试者从未见过，鸭－兔实验的效果就最好。为什么不尝试让朋友们看看此图，看他们是怎么解释的呢？

比同源染色体上的等位基因，在形成 F1 配子时，伴随着同源染色体分开而相互分离，体现了分离规律。赛球时，两队队员之间，可以随机自由跟人。这又好比 F1 配子形成基因类型时，位于非同源染色体上的非等位基因之间，则机会均等地自由组合，即体现了自由组合规律。把枯燥的公式比作篮球赛，自然就容易记住了。

变抽象为具体

将抽象事物比作具体事物可以加深记忆效果。如地理课上的气旋可以比成水中旋涡。某老师在教学生计算机时，用比喻来介绍"文件名""目录""路径"等概念，将"文件"和"文件名"形象地把文件比作练习本和把文件名比作在练习本封面上写姓名、科目等；把文字输入称为"做作业"。各年级老师办公室就像是"目录"；如果学校是"根目录"的话，校长要查看作业，先到办公室通知教师，教师到教室通知学生，学生出示相应的作业，这样的顺序就是"路径"。这样的形象比喻，会使学生觉得所学的内容形象、生动，从而增强记忆效果。

又如，唐代诗人贺知章的《咏柳》诗：

碧玉妆成一树高，万条垂下绿丝绦。

不知细叶谁裁出，二月春风似剪刀。

春风的形象并不鲜明，可是把它比作剪刀就具体形象了。使人马上领悟到柳树碧、柳枝绿、柳叶细，都是春风的功劳。于是，这首诗便记住了。

运用比喻记忆法，实际上是增加了一条类比联想的线索，它能够帮助我们打开记忆的大门。但是，应该注意的是，比喻要形象贴切，浅显易懂，这样才便于记忆。

第六章
CHAPTER 6

过目不忘的记忆秘诀，
1分钟练就超强大脑

联想记忆法

联想法

联想是将你想要记住的东西和你已知的东西之间形成联系的过程。尽管许多联想是自动产生的，但是联想的意识创造是将新信息编译的一个极好方法。将一事物与另一事物联想起来，便于我们记忆。例如，小安时常会忘记"樱草"（一种植物，人们喜欢叫它"兔耳朵"）这个词。他注意到它的叶子长得像小轮子，于是他就叫它"骑车的人"，之后就再没忘记过。联想有利于记住一些奇怪而又简单的信息。如果你进行了联想，你在心里重复几遍或大声复述几遍将有助于你记忆。

这一方法可以用于记忆这些事情：你的新邻居的名字；你的朋友居住的小区；你想推荐的一部电影的名字；去往新开张的商店的路是向右转还是向左转；去往朋友家的公交汽车站点。

实际应用

小月：初到一个新城市，认识了许许多多的新同学，其中有一位同学的名字叫华振兴。由于某种原因，我一直记不住他的名字。后来我在记忆课上学了联想这个方法并试着使用。我默念了几次"华振兴"之后，我突然想到有一句口号"振兴中华"。我认为我可以将"华振兴"与"振兴中华"联系在一起记住他的名字。每次我看到他，我就会心里想着"振兴中华"。

李先生：在读中学的时候，对于汉代的三次大规模农民起义的记忆让我伤透脑筋，其中，一是公元 17 年发生的绿林起义；二是公元 18 年发生的赤眉军起义；三是公元 184 年发生的黄巾起义。前两次发生在西汉，后一次发生在东汉。最让人头痛的是起义名称和先后顺序很容易搞混。为此，我通过联想进行记忆：这三次起义的名称都有颜色，即绿、红、黄，可以将这种变化同枫叶联系起来记忆。枫叶春夏时绿，秋天变红，冬天变黄。这样一来，不但不容易弄混，而且容易记忆。

岳山：我总是记不住意大利的版图，后来，我对它进行了联想。我注意到，意大利的版图很像高筒的马靴经过联想处理后，我永远都忘记不了意大利版图的样子。

细节观察法

概述

记住你没有清楚地观察过的事物或不感兴趣的事物通常是困难的。细节观察是有意识地去注意你所看见、听见或读到的事物的过程。运用细节观察，你会发现一张照片、一张新面孔、一处自然景观、一件发生在街道上的事情带给你的震撼。积极观察相对于对周围的事物不进行思考，或因不感兴趣而听之任之的消极生活态度是截然不同的。记忆的关键是对其感兴趣。

一个短暂、未经审查的想法是毫无价值并且很容易遗忘的。当我们将一个想法或主意详细说明之后，我们就能将它更深刻地编译。当某些事情非常有趣或很富有争议时，例如，第一次打篮球，我们不用有意识地去记就能将这一经历非常深刻地记住。我们评论发生的事件；我们试图了解发生了什么；我们将它与我们知道的情形联系起来；我们问自己对它的感觉如何，这些过程可以有意地用作一种可以将我们想记住的信息进行编译的方法。

这种方法可以用于记忆这些事情：你在一家商店中看到一

条被子的图案；如何玩朋友教你的新游戏；你看到的许多人的面貌；新买的吸尘器的使用方法；两位市长候选人的简介；你在大学里所学的课程；你和朋友讨论的一本书的情节。

实例运用

阿曼：我最近买了一台录像机，读着冗长乏味的使用说明书，按照它们来录制我最喜欢的电视节目。第二次我试着录一个电视节目时，我想不起来如何做了，就不得不重看了一遍使用说明书。由于我想不查阅这本手册就能使用录像机，我复述了一遍所有的步骤，了解了每一步的次序和重要性。我将这些死板的手册指南转变为自己的话。我将这些步骤重复了几次并将它们牢记在我的长期记忆中。我发现，如果将这些话大声说出来，它的效果会更好。使用了详细描述的方法之后，我仍然能记住这些步骤，甚至在三周的度假之后，还能记忆犹新。

小叶：我一生只去过夏威夷群岛旅行。我去了其中的 3 个岛，它们都非常美丽，然而也有所不同。我想将这些岛清楚地告诉我的朋友们。我曾在报纸上读到，如果你详细地阐述了你想要记住的事物的细节，那么你就能将这些信息更好地编译。我想了想小岛之间不同的自然特征、我在每个岛上做的事情以及我住宿的地方。我将这些细节与岛的名字联系在一起进行了一些联想。我将这些细节重复了好几天，现在我发现记住它们很容易。

李明：我有严重的关节炎，出去的次数很少。我非常厌烦这种日复一日的生活，并且我的记忆力似乎变得越来越差。女儿在我生日时送给我一个鸟食容器，渐渐地我开始观

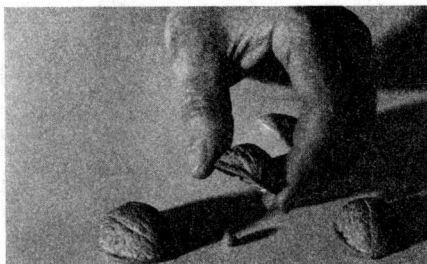

★ 如果只用3个果壳，我们能很容易找到小球，但是如果是4个、5个甚至6个呢？要想提高我们的记忆速度和效率，就要对我们的记忆量进行限制。

察来啄食的鸟儿。一天，我看到一只我不认识的鸟。我问女儿是否认识这是只什么鸟，她也不知道。后来她带回来一本有几百种鸟类彩色图片和详细介绍的书。当我们查询飞来的鸟时，我非常惊讶，在我生活的周围竟然有这么多种鸟。这个鸟食容器改变了我的生活！我看到并听到了许多新事情，而且我非常吃惊于我真的能记住它们。

文文：有一次，我去一个大型购物中心，我将车停在了车库。在地上有一些向上和向下的坡道，而在我停车的地方没有任何文字或数字。我意识到，我把车放在难记的地方。我仔细观察了我走的这条通向出口楼梯的通道，并且当我到达那儿时，我回头看了看以加深汽车所在位置的印象。当我回来时，我很清楚地记得我的汽车所在位置以及到那儿的路。

安平：学习了积极观察这个方法之后，我决定试试这个方法。我去了我们当地的博物馆并花时间看一幅由莫内塔画的两

个女人的油画。

我没有像通常那样很快地扫视这幅画。我看了看细节，又看了看整体，并问了自己一些问题：它漂亮吗？它是什么年代的作品？这两个女人看起来是高兴还是悲伤？她们穿着什么样的衣服？我想把它挂在我的起居室里行吗？当我离开这家博物馆时，我知道我会记得这次博物馆之旅：因为我所记忆的东西不是通常一些模糊的画面。

外部暗示法

好的和坏的记忆辅助工具

我的冰箱上贴满了便条！它们真的很必要吗？

想象一下你准备购买的物品，试着在脑子里列一个你所需要的所有物品的清单。这个记忆练习是我们每天都要做的事情。下一步你要做什么？写一张购物清单吗？

面对日常生活中许许多多不同的任务，我们倾向于向一些辅助工具（一张纸、笔记、便条、告示牌……）求助。它们真的对记忆力有所帮助吗？还是会以毁坏我们的记忆力而告终？我们应该尝试离开它们去做事情吗？

好的辅助工具能够使我们完成那些离开它们便不可能完成的事情。假设我们能够回忆起日记或者地址簿里的所有东西，但这是合理、现实的事情吗？其实你是对你的记忆能力估计过高。日记和地址簿使我们能够在不加重记忆负担的情况下一天一天地生活下去，因此是非常好的工具。

当辅助工具使我们不能充分利用我们的记忆力时，它就变得有害了。因此，当我们不自觉地打开电话本查找一个熟悉的电话号码时，就失去了对记忆而言极为重要的思想训练，并且会变懒惰，而这种懒惰在不久以后会对我们个人的独立性产生消极影响。

书面提示：将事情写下来

你不必将所有东西都记在你的脑子里。

尽管有许多时候你必须依靠你的头脑来记忆，但大多数人在整个日常生活中都用外部暗示来提示自己。例如，你也许会使用闹钟叫你起床、遵守约会的日程，使用厨房定时器来煮饭，或使用一个有标记的药盒。你必须承认，在许多情况下，无须相信你的记忆力。如果你能使用你所在环境中的一些东西来提醒你，你的脑子就可以用于记忆其他事情了。

尽管很多人都使用日程表、约会簿和笔记用以记住他们想要记住的东西，但是仍旧有许多人怀疑做书面提示是否真的对记忆力差的人是一个帮助。事实上，将事情写下来是最有用的记忆工具之一。

如果你想更好地记住这类事情，可以将所有的信息记在一个笔记本里。

下面的内容将为你提供一些创造性的使用书面提示的思路。

（1）列一份你需要做的事情的目录。你一想到某件事情，就将它添加到这个目录中。

（2）使用日程表来提示你自己想在以后给谁打电话，例如，打电话给一位刚做过手术的老师。同时要养成一种经常翻看日程表的习惯。

（3）记下一些在下次看病时你想问医生的健康问题。在离开医生办公室之前，记下医生的嘱咐。

（4）写日记记录每天发生的事情。如果想知道自己是否已经完成了作业或听了一堂重要的讲课，你都可以查看这本日记。

（5）列一份你想读的书或你已经读过的书的名字目录。

（6）记录你寄出或收到的信件和贺年片。

（7）记录你所服的每种药物的名字和剂量。包括你开始服用的日期。

（8）将你想记住的所有人的名字列一个目录，例如，邻居们、社团的成员们和你同学的家长们。

（9）记录你想记住的周年纪念日或节日。

改变环境

提醒你记住某件事情的最好、最简单的方法之一就是改变你所在环境中的某一事物，这样你就能注意到这一改变。然后，它就作为一个暗示来唤起你的记忆。只要一想到这件事，你就做出改变。

当你还小的时候，你可能使用过一些小技巧，比如在手帕角上打个结，帮助你记忆杂事。这种方法通常能使你轻松地记住很容易被你忘却的事情。手帕上的结提醒你周末的模拟考试，结虽小但却很重要。还有人使用别的方法，比如在手指上绑胶带。

物质提醒可以从自身的记忆延伸到周边的事物。不要将物品摆放在平常摆放的地方。对于我们大多数人来说，这个方法简单实用（比如将一本书放在茶几上，而不是放在书架上，可以提醒你上学时要带着它），但是如果你滥用这种方法，改变太多摆放的东西，就会混淆。

有的家庭喜欢采用特别的方式来交流、转告信息，有一些方法让人很难理解。例如，一个家庭成员将一个石头摆放在门前，以此来告诉其他成员家里备用的钥匙就藏在下面。这能算得上是妙计吗？恐怕只会引来不速之客。

乐乐是这样做的：桌上打开着的书用来提醒她要去图书馆。自行车钥匙放在电脑上方提醒她要修车。妈妈的照片倒着摆放并不是因为她粗心大意，而是第二天是妈妈的生日，这样摆放可提醒她买礼物。

不要只用一种技巧去记事物，试着结合所有的技巧。视觉、听觉和实践都应该结合起来，这样才能够达到最好的记忆效果。

这有一些可以唤起你记忆的例子。

（1）将要拿去给洗衣工清洗的衣服放在门前。

（2）将一个纸条放在厨房桌子上，这样当你吃早餐时你就会看到它并记得给你的朋友寄张卡片。

（3）将一个纸条放在书包上用于提醒你在书店停下来。

（4）在你手提包的提手上系一条细绳，这样在没有提醒邮寄包里的信件的情况下你不会打开它。

（5）当你下楼时，在楼梯的前面放一个空盒子用来提醒自己在你下去之前把电热器关了。

（6）把手表或手链换到另一只手上，你就经常能感觉到它。当你开车去你的朋友家时，它将提醒你去告诉他有关周末计划改变的情况。如果你再大声告诉自己："告诉朋友计划有所改变！"这个方法的效果将会更好。

在使用任何这些外部提示时，不要拖延是至关重要的。只要你一想到你需要做的事情，便选择这些方法中的一种并立刻应用。如果你想着"当这个电视节目结束时，我在我的购物单上添上土豆"，那么你10分钟后或许就将有关土豆的事情全部忘光了。

图像记忆法

　　静静地回忆，你很有可能会产生这样一种感觉：一组组的图片在你头脑中展开，就像是幻灯片一样掠过脑海。当你想保留其中的一项时，首先依赖于感觉器官对它进行登记。如果你稍加注意，不只会保留视觉性的映像，甚至还会有听觉性和触觉性的特征。如果你读一篇自己不感兴趣的文章，不集中注意力，没想过要记住内容，也不期望以后会用到这篇文章，那么将不会产生任何的心理表象。这篇文章的信息不会被提交给记忆。相反，如果以上3点都具备——兴趣、注意力，以及有把信息传达给别人的期望，就会形成一系列的精神表象，并且在记忆过程中被调动起来。

　　有没有人会想到自己10年前、15年前或20年前的一些特别经历呢（当然如果你还小，可以想想去年或前年的特别经历）？也许这些经历是令你印象特别深刻的，可能是恐怖的或是刻骨铭心的。例如车祸，受伤的人躺倒在地、地上都是他的物品、车子的颜色，等等。这些鲜明的记忆可能会让你记住十几年，甚至一辈子。

　　为什么十几年后很多自认为记忆力差的人还能栩栩如生地描述上述车祸的场面呢？这就是因为回忆了记忆中图像的缘故。

当我们看到相关的影像时，这个图像自然就会浮现在脑海里，并被记录在右脑里。不要忘记，除了视觉的存盘，还有其他的感官记录可以加入想象的空间。例如，我们也许记得车祸时撞车的声音，因此由听觉引出图像的存盘；也许车祸引起火灾，可以闻到烟火的味道，在车祸现场还可能触摸到倒在地上的车辆或受伤者，这就有了由嗅觉、触觉所引出的图像。

总之，如果我们用各方面的感官来感受一个情景，有特别深刻的影像被记录下来，不仅会加强回忆功能，还会提升记忆功能。

你常会听人说，图像胜过千言万语。将事物清楚地呈现在脑海是一个有意识地将一件事、一个数字、一个名字、一个字或一个想法在你脑中形成一种形象的过程。如果你花些时间将话语转变成一幅富有含义的图像，然后把这幅图记在心里几分钟，你就更可能记住这个名字、事情了。

一些朋友天生就具有良好的视觉能力。他们的想象生动且丰富多彩。如果你有很好的视觉记

★ 目击者对交通事故场景内容的记忆会保持很长时间甚至是一生，那是因为车祸以图像的形式被记录在记忆当中。

忆能力，你可以以多种方式充分地利用它。其中一种方法就是建立记忆频道。

你可以尽情地使用这样的技巧。例如，一些朋友会将日期刻在石头上来帮助记忆日期。视觉记忆还可以帮助记忆外貌和地点。如果视觉记忆对你适用，那么你只需自然地运用它即可。如果你去游览一个小镇，你要记住经过的路线，这样你就可以准确地回到停车的地方。

我们以前所说的拍照式的记忆就是现在说的图像记忆法。一些人能在一分钟内复述出看过的物体、设计和文件，就好像他们在脑中给这些事物拍了照一样。

当然，有一些人的确有超出常人的一种记忆方式。有一位老裁缝，她就能用极短的时间观察别人的着装，然后完全模仿出来。她有了蓬勃的事业，为顾客参谋穿着，这些穿着都是她从婚礼和明星的照片上看到的。有时她只需看一眼服装杂志上的一些衣着，或是现场看到别人的衣服，她就能制作它们。

你可以学习这样的本领吗？你生来就有这样的能力吗？我们来试试。仔细观察下一页的几张图片。然后合上书，回想图片并把它们画出来。

这个方法能用于记住这些事物：

· 你要在超市里买的东西
· 从机场到你停车地方的路线

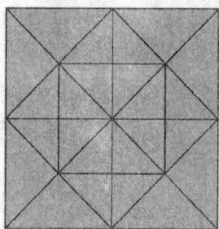

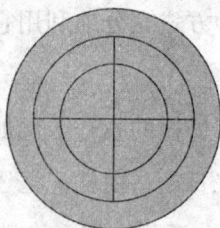

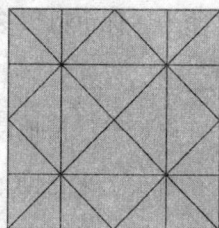

- 去往朋友家的换乘方法
- 某些国家的版图
- 你最近听到的一个笑话

逻辑推理法

符合逻辑的能力通常被认为是聪明和智力的象征，但具有符合逻辑能力的人是不是也意味着得拥有好的记忆力呢？

这个小节的练习将激发你去思考、推理，找出规律和联系，并最终找出解决问题的方案。它们看起来仿佛在开发抽象思维能力方面具有更大的指导意义。

事实也往往如此，你可能在抽象的推理和数理逻辑方面有着非凡的天分，同时对于这些方面的信息表现出惊人的记忆力，但是记忆其他方面的信息却让你手足无措。

情况也可能恰恰相反，你对于需要记忆的活动得心应手，但纯粹的逻辑推理的活动或游戏却会让你焦头烂额。总之一句话，情况因人而异。

不过，你越经常动脑筋，理解能力就会越好。而对于信息的详尽而透彻地理解毫无疑问会提高记忆力。同时你的专注能力也得到保持或提高。

思考和专注共同作用，能使大脑活动维持一种高水平。最重要的是，逻辑推理能力能够训练大脑赋予信息结构的能力，即根据某些规则建立顺序并且赋予意义的能力。秩序对于记忆来说是必需的。举例来说，如果没有秩序，人们将很难记忆下面的一组线条。

除非你用上面的线条组成下面的图形：

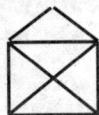

同样的规则也适用于单词、图像和目录清单。你只需要找出某种规则或者逻辑，构架信息，使其变得有意义，信息就能更容易地留存在你的记忆里。

如果知识已经依照一个完善的逻辑体系被贮存在你的大脑中了，那么当任何新问题出现时，已有的信息结构就会被调动起来，找出合适的解决方法。

如果你坚持锻炼逻辑推理能力，你的大脑将会训练有素，这样它就不仅仅能在智力操作中很好地为你服务，还会让你在日常生活中受益匪浅。不管怎么样，记忆力都会得到提高。

第七章
CHAPTER 7

看完就用的高效记忆术，记得快记得牢就这么简单

重复和机械学习

熟记

当你已经失去了这种习惯和能力的时候，熟记不是一件容易的事情。这种学习方法是学校教育甚至是高等教育不可或缺的组成部分。如果你处在这两个学习阶段中的任何一个，这种纯粹机械记忆的方法都是简单而有效的。如果要重新唤醒这种记忆方法，你所要做的第一步就是找一个安静的地方坐下，确保不被他人打扰，依照循序渐进的原则，数次重复你的目标信息。

当我们要应对马上来临的情况时，我们会采取机械记忆的方法。这是为几天以后的考试做准备的非常有效的方法。两周以后，你也可能仍然记得整首诗的内容，但是更大的可能性是你只记得其中的某些句子。在这方面，每个人的能力以及表现不同。

无论情况怎样，机械学习都不是保持长时记忆的最好方法。我们不是总能够将兴趣长久地保持在学习过的东西上面，而且，最后期限一过，我们也不会再费力地重复所学的东西了。

重复巩固

把经过编码的信息转化为长时记忆，这要求你为这项信息建立起十分坚固的表象，也就是使其得到巩固和强化。巩固信息的方法有很多：通过联想，把新信息和已存在的信息联系在一起；分类法、逻辑组织法。无论你用哪种方法，强烈的感情都是必不可少的，它能够大大地提升巩固效果。

对于简单的材料来说，重复始终是最可靠、最有效的。每一次的重复对于强化信息都能起到很好的作用：已经存在

填字游戏

填字游戏是一种很棒的个人娱乐方式，也是一种使你的个人信息储备的好方法。经常练习会使你的大脑活动变得更加流畅，你会发现思维变得更加敏捷。选择一个适合你的水平的字谜，不要被一个你觉得非常熟悉的字所困住，继续往下进行，然后间歇性地停顿几秒钟，这样可以使注意力更集中。

的信息再次被确认并存储，会使其在大脑中保持更长的时间。此外，重复是兴趣和重视程度的体现。

另外，如果你利用每天晚上上床睡觉之前的时间来记忆一些东西，就更能促进你长时记忆。但是为了防止它被其他吸引你注意力的事情或者事物所代替，你必须在第二天早上一醒来，就立刻回忆前一天晚上记忆过的内容。

联系法

记忆和联想

记忆的过程通常包含三个步骤：信息编码、信息存储、信息提取。对于目标信息来说，首先它会被转化成"大脑语言"，然后被大脑拿来跟记忆中已有的各项信息进行比较，以便确定这则信息是否已经被储存过或者是否真的携带一些新的东西，就像是电脑自动更新文档一样。如果确实含有新的东西，大脑将会为它寻找合适的已有信息，并且在二者之间建立联系。这即是信息编码的过程。每个独立个体各异的历史背景都为信息编码提供了丰富的土壤。每次你遇见新的事物，不管是具体的实物还是一种抽象的想法，你都会自动地将它与你已经知道的信息联系起来——联想是一个自发的大脑活动过程。

我们经常面临一些自己认为不知道答案的问题。利用所有

★ 当给那些害怕蛇的人放映蛇和鲜花的图片时，他们更易于把蛇的图片与恐惧联系起来。

你可以自行支配的信息，建立起一个联系网，借助这个联系网，你很有可能找出问题的答案。这种能力往往在那些能够娴熟地运用自己的知识的人身上表现得最为明显，这种人总是知道如何将新事物跟已有信息联系起来。他们的这种建立联系的能力已经得到了完善的开发。

形成联系

深思熟虑形成的联系和自发形成的联系

联想是一个心理活动过程，它能够帮助你在具有某种共性或者共同点的人、物体、图像、观点之间建立联系。简单地说，如果看见 A，你就想到 B，那么你已在 A 与 B 之间建立起了联系。当看见"A+B"时，你想到了 C，那就证明 A、B 与 C 之间存在共同之处。有些联系是被人们普遍承认的，例如下面所划分的这几类：

音节联系

发音相似的词会很自然地被联系在一起。例如："期求"和
"乞求"。

语义联系

这种联系建立的基础是词本身的意义和你对这个词属于哪
个范畴有所了解。例如"西红柿"和"水果"。

比喻联系

A 和 B 之间之所以存在联系，是因为 B 的意思和 A 通过某
种代换物转化以后的意思相近。例如："苹果"和"羞愧"（羞愧
难当，脸红得像苹果一样）。

逻辑联系

背景相同的两个事物被联系在一起。例如："番茄酱"和"调
味汁"。

类型或种类联系

两种事物在某一方面（颜色、形状、大小、重量、味道
等）具有共同点。举例来说，"西红柿"和"红辣椒"（颜色
相同，都是红色）、"西红柿"和"葡萄"（果实垂下藤蔓的形状
相同）。

思想联系

两种事物之间以一种更加抽象的联系作为基础。例如："西
红柿"和"太阳"。

与此同时，你也会以自身经历以及个人世界为基础建立联

系，因此除了上述的六种联系以外，还需要加上下面的两种。

主观联系

这种联系只有当事人明白是怎么回事，因为它暗指了当事人关于某件事情的回忆。举例来说，"大海"和"心绞痛"——因为上次你到海边去，心绞痛发作了，很痛苦……

无意联系

这种联系的建立超越了当事人的意识范围，一般难以给出解释。

借助想象，建立联系

联想这种记忆策略，帮助你在事物之间建立联系，能够大大地提高你记住这些事物的概率。经常练习能够促进信息之间建立联系，而且这种联系越具有独创性，它们越能稳固地保留在你的记忆里。因此，你必须完全地发挥你的想象力，任由图像、文字以及感觉自由地流淌进你的脑海，不要对它们有任何限制条件。

对于记忆过程来说，最重要的一点就是找出适合自己的联系方式，也就是说，两个事物之间所建立的联系，对于个人来说必须是有意义的，或者能够激发你的某种感情。

感官记忆法

听觉暗示：使用声音唤起你的记忆

闹钟和定时器可以提醒你某一件事虽还没做，但在某一时间必须做。电话应答机也可以用于提供听觉暗示。

这是一些使用听觉提示的例子。

如果你打电话没有打通，设置你的定时器来提醒你再打一次电话。

如果你正忙于写信并要确保在某一具体时间离开赶赴一个约会，设置一下便携式定时器，并把它放在你的桌子上。

如果你离家很远，而你想记住当你回去时要做的事情，可以在你的手机备忘录上留一条信息。

我记得那个味道

相比其他的动物，我们的嗅觉功能要弱得多。不管怎样，我们还是会因为某种特殊的气味回想起曾经一起去过的讨厌（或喜欢）的地方。氯气的味道就能使我们想起小时候的游泳课，草莓的味道则让我们联想到夏天……

大多数人都会对某些味道有特殊的联想。

它也许能帮助你记忆地方，曾经让你开心、伤心、愤怒、爱惜的事情，但它绝对不能帮助你回想起例如美国历届总统名字这类的事情。

　　嗅觉记忆真的有实际意义吗？这当然因人而异，但是有一点是肯定的：你可以将特殊的气味与一些记忆方式结合在一起，这样将便于增强你的记忆。

数字记忆法

增加对数字的记忆，这真的可能吗

　　这个问题的答案是肯定的。卡内基梅隆大学所做的一项研究显示，人的确能够通过练习增加对数字的记忆。在实验开始时，这个主题是一个普通的学生仅能回忆起 6 个阿拉伯数字。经过几周的练习之后，他在一定程度上有所进步。18 个月之后，他可以给研究人员复述 84 个阿拉伯数字。猜猜他是怎样完成这项任务的？将这些数字与他已存的知识基础联系在一起，你就会得出答案。在这个案例中，他像一个赛跑者与时间赛跑。学生们记忆的增进不仅仅是练习的结果，研究人员说："成功在于他能通过联想将这些数字变成有意义的图案来提醒他。"

　　每个人的一生都要与数字打交道。想想对你特别有意义的数字，一旦你认定它们，就会把它们用于联想来记忆。很快你就会发现你自己每天都使用这些简单的技巧。

重要数字

生日（你的生日、配偶的生日、好友的生日、孩子的生日、亲属的生日）

周年纪念日（父母结婚纪念日等）

重要的年份（高中毕业时年份、结婚年份、历史中的一些重要年份，等等）

驾驶执照的号码

身份证号码

账户号

银行卡的密码

车牌号

你的幸运数字

公路或国道

体育数据（运动员的比赛得分、参加年份，等等）

与爱好或你的收藏相关的数字（古董、硬币、蝴蝶，等等）

街道地址、邮编、电话号码

练习使用以前牢记的单个数字，或是各种不同的数字，以便于迅速地与新的数字相联系。你越是依赖这套系统，它也就变得越可靠。你所做的只是用某个有意思的东西取代抽象的东西。如果是一长串数字，那就把它分割成四个部分或更少的部分。一串 11 位的数字，例如，10159711100，当分割和编码后就变成了："101 公路与 5 号洲际公路之间有 9 千米的路程，在通过 7 ~ 11 千米及 100 个停车标志牌后，两条公路就会相接。" 11 位数的电话号码也可根据此方法分割成三个部分：区号、前辍，及最后 4 个数字。银行和政府机构一直都信赖这套记忆技巧。

将数字转换成实物

对你喜欢的事情，转换为记忆数字，你会更好地记住具体的实物和形象，它们对你来说会更有意思。这很简单，也很好用。这意味着你可能是一个杰出的视觉习得者。也就是说，你的记忆力能更好地用视觉形象编码。如果你更倾向于用视觉方式记忆信息，你自然会像前面所举的例子那样构建一个故事情

借助空间分布记忆密码

可以借助心理图像，通过数字的空间分布来记忆一列数。例如，办公室复印机的密码是 6541，你可以将这列数字想象成一个背朝下躺着的"L"，密码 9731 则是一个从右下方起笔的"Z"。

节。如果你更倾向于用听觉方式记忆信息，那么，你就会形成听觉联想，如枪声、同音词、韵律。

关联词汇系统需要你刚开始时花一些时间记忆代表每个数字的词。一旦你背会后，关联词汇法便能用来完成大量的记忆工作。无论如何，关联词汇法是最适宜使用的且对你也很有帮助。

复述法

不断重复信息能够在你的大脑中留下短暂的记忆，但很快就会被遗忘。不过要是记电话号码，这不失为一个好方法。

跟着我读：0795634，重复几次。如果你多重复几次，你会发现你已经能够记住它，但是没过多久就忘了。如果不用别的方式重新记忆，不知道明天的这个时候你是否还记得这串数字。不过没关系，有一些东西我们确实不用长时间地去记住。如果你看到一个号码，只要在拨打前的一段时间内记住它，那么你就可以用重复叙述的方法记忆。但是如果你碰到了心仪的人，当他给你电话号码时，用这个方法记忆就不太保险了。

复述法并不是唯一的记忆技巧，如果将它和别的技巧相结合，那么它能发挥得很好；如果仅仅单独使用，那么它只能暂时奏效。

测试你记忆数字的方法

为了训练你对记忆策略的运用，尝试记住以下日期，每个日期可以同时借助多种方法记忆。现在轮到你找出最适合自己的方法了。

◎ 1969.7.20，人类第一次登上月球。

◎ 1963.11.22，约翰·菲茨杰拉德·肯尼迪总统在达拉斯被刺杀。

◎ 1998.7.12，法国赢得世界杯足球赛冠军。

★ 在进行记忆练习时，最好是找到适合自己的方法，并且尽可能地经常使用。

组合法

组合法即将一个新数字与一个毫无困难就能出现在脑海中的数字联系起来。例如，对许多人来说，各地区的区号是再熟悉不过的，因此可以把它们作为参照去记忆其他的数字。

另一种是联系个人的经历或熟悉的文化知识记忆数字，比如自己的出生日期、年龄、主要人生大事发生的时间等。

追溯个人经历

发生在什么时候，有什么标志

认知心理学的研究表明，对于许多人来说，最好的时间线索是与自己生活中的事件联系在一起的，"第一个孩子的出生日期""在爱尔兰旅行之前"，某些时间毫不费力地重现在脑海中，

我的记忆，我的历史

"当你不知道要往哪里去时，返回去看看你是从哪里来的"，这则谚语体现了记忆在我们的身份认证上起的关键性作用。正是因为记忆的存在，我们才知道自己是谁，才能确认今天的自己和昨天的那个自己是一样的。

那些有关我们做出重要决定的时期，有关个人感情或工作的事情我们都历历在目。有些记忆是痛苦的，很难让我们接受，一段感情的结束、失业等都会让我们记忆深刻。快乐也能影响我们，家庭成员或朋友间的交流都有助于我们回想起曾经的职业等。每个人的生活都是不平凡的。谚语说："死去一个老人，等于烧毁了一座图书馆。"

原因很简单：那是在填写行政文件时需要记住的日期，那是个值得庆祝的日子……

发生在什么时候？

我们能清晰地回忆起一次生日会，因为它很成功或者很失败，而我们却不能确定那是在 1995 年还是在 1996 年，在一个星期六还是星期天的晚上。

为了回答这些问题，我们可以参照一些大家都清楚知道时间的公众事件。对法国人来说，1998 年世界杯蓝色军团的胜利是一次难忘的事件。因此，为了想起退休那年的情景，那就回想一下 1998 年看所有球赛的休闲时光吧。每个人都能迅速想起纽约世贸大厦遭袭击或某些重大灾难发生的确切时间，这些标志都能够帮助我们确定个人的生活经历。

"那时樱桃开花了……"

在谈论自己经历的重要事件时，可以借助一些细节。例如，通过天气状况推断事件发生的季节——下雪，那就是在冬天；或者植物的状况——樱桃树开花了，那就是在春天。汇集与事件相关的所有线索，然后再从中寻找答案。

当时的确是这样的吗

然而，记忆有时也会捉弄我们，而这与任何疾病都毫无关系。某件事或某个人精确的记忆可能不会引起我们的任何怀疑，但如果与其他见证人一起回忆，就可能出现记忆空洞或矛盾。我们能精准阐述的事件通常具有丰富的细节，而对于那些我们回忆起来有困难的情景，可以向家人或与你共同经历过的人求助。

增加找回记忆的机会

事实上，我们会忘记某些不重要或者不愉快的事情，而保留其他的，有时候还丰富它们。如果我们与参与同一事件的人一起回忆，如一次家庭或朋友聚会，他人的陈述可能引起我们已经遗忘的某段生活场景的重现。与有共同经历的人定期交流有助于对个人经历的回忆，相反，与社会隔离将不利于保持记忆。

除了其他人的见证，还可以依赖一些资料（如书信、影集、录像带、行政文件等）来找回我们的记忆，特别是当这些资料带有时间或地点标注时。考虑到这点，拥有私人日记本就对记忆较琐碎的事很有帮助。另外，只要用一个年历或者电子管理器就能轻松地帮助你记住自己在何时何地做何事。作为计划的一部分，你会记录下在自己一生中发生的事情。如果你想要记住自己所做的细节，你可以一直保存着这个计划。

习惯记忆法

对于一些朋友来说，最好的学习方法就是实践。相对于看一大堆的书来说，他们往往能从实践中学到更多的东西。这个记忆技巧是建立在动手的基础上的，我们称之为动觉。

岳先生小的时候，他所就读的学校就非常注重学生是否能准确地配带书本和其他教学辅助设备来上课。通常"对不起""我忘了"的借口是行不通的。那么，岳先生是怎样避免出现这些错误的呢？他培养自己养成一种整理书包的习惯，这种习惯非常复杂但是的确很起作用。他不仅仅为每件要带的物品规定摆放的位置，而且还要按顺序将它们放进书包。这样做他就不可能忘记任何的东西，一旦发现摆放的过程有差异，他就能察觉可能忽视了哪个物品。

当我们有重要的事时，为了确保它能按部实施，就该使它成为例行之事。

军队教人做事常与数字相关。这个方法很奏效。你怎样才能教会一个年轻人（也许不太聪明）去拆卸复杂的装置，比如机关枪，或是出故障的零件，然后让他安装回原样，不丢失任何一个小零件？那就是牢记过程。一旦他学会了使用数字的方式，他就不会忘记其中一个过程，哪怕是在火灾现场或是非常紧张的状态下。

记忆有顺序的事物时（比如电话号码），你在记忆的同时需要时刻改变它们的顺序。如果你没有改变顺序，很有可能就会陷入顺序的圈套。你可能要重复所有的号码才能想起其中的一个号码。所以在记忆的时候要经常变换顺序，别让机械的顺序干扰你的记忆。

王丽有一种习惯，她每次逛超市几乎都是同一路线、行程。她每个星期可能都会或多或少买一些东西，因此，购买的物品可能会有改动（比如不用每个星期都买笔记本）。一旦固定了购买的清单，就不用再去想它，可以注意一些别的以往不会买的东西（例如这个星期可能会买一些红酒代替啤酒）。

你也可以将这样的例行习惯运用到别的地方，不仅仅是在超市。例行的习惯能防止你忘记重要的事情。一些朋友可能会认为，购物按照例行的规定会很单调和机械。为了防止单调，王丽在最后也会关注一些自己感兴趣的物品（比如衣服、光碟等），在空闲的时间就可以逛逛这些商品。

习惯记忆法既轻松又能帮助你准确无误地记忆非常复杂的

信息。想想你是怎样驾驶汽车的？你是不是会有意识地想：刹车，减速，换挡，查看后视镜和汽车边距？当然不会。其实一旦你上了车，所有的程序都变得很自然。不管路上的情况怎样，以往开车的经验习惯都会教你准确地处理。只有当遇到了意外的情况，你可能会不知所措，因为之前没有碰到过。

记忆地图

记忆地图是用图表简要地概括记忆的内容，是以视觉形式表现信息的方式，而且大脑也很容易掌握。它是一种非常有用的技巧，可以用来记忆读过的书、报纸、杂志的概要，或者广播、电视节目中的讲座。

记忆地图是同时利用左右脑，而且左右脑相互协作。负责分析的左脑评估和理解信息；而负责想象的右脑寻找可以表现

左脑	右脑
说话	创造性
分析	感知颜色
排序	空间意识
逻辑思维	概括能力
线性思维	幻想
理性思维	直觉
数字和文字识别	面部和物体识别

信息的视觉形式。上页的表格归纳了左右脑不同的分工，可以帮助你理解记忆地图是如何起作用的。

　　记忆地图是表示不同主题间相互关联的一种方式，这些主题一眼便知，而且中心主题表现得非常清晰，无关的信息全部被排除掉，让我们一次就能看清问题的全貌和所有关键细节。

第八章

不同对象的专项记忆，想记什么记什么

记住名字和面孔

基本原则

你的注意力

记住名字和面孔最重要的一步是要有这样做的渴望：许诺要记住它们。试着在一个你将遇见很多陌生人的场合，看看你是否能尽早记住一些名字。如果你能的话，回顾一下这些名字，并马上开始联想。如果你要牢记人们的名字和面孔，你的注意力就应固定在你的目标物上。记不住的其中一个最基本的原因就是注意力不集中，不去强调它，不渴望会记住某人的名字。

当你遇上一个陌生人时，仔细观察对方，注意他最显明的特征是什么，然后详细描述。

你的想象力

想想他的名字有什么意义，或者他的名字听起来像什么。然后，将名字转成具体的东西。这里有一些简单的例子：

当名字与某个具体的物品意思相同时，例如，Frank Ball，则想象成在 ball park（棒球场）吃 franks。

当名字听起来像某个具体的物品时，例如，Dotty Weissberg（精神不定的韦森堡），将其想象成 dotted iceberg。

当名字中包含一个形容词时，例如，Bill Green，那么想象Bill 两眼发绿，或者想象成 Green Bill（绿色的纸币）。

当名字能使你想起某一具体的事物时，例如，Bob McDonald，能让你想象到制作汉堡的场景。

当名字与某地意思相同时，例如，Joe Montana，那就想象一只袋鼠居住在 Montana，或驾车去 Montana 兜风。

当名字中包含一个前缀或后缀时，例如，Karen Richardson，利用你先前选择记忆的符号，好比，太阳光照耀在一个 rich（富裕）而 caring（有同情心）的人身上。

当你留意到某个显著的特征时，把它与特定的形象相联系。例如，Kelly Beahl 穿高跟鞋挺好看的。这种技巧是非常有效的。

何时运用

一般来说，这种方法在日常生活中的某些情况下难以运用。

因为构建心理图像需要一定的时间，并且有时候会被其他正在进行的活动所干扰，比如在记忆的同时还需要与对方进行交谈。不过，当可利用的时间足够充裕时，这种方法是非常有效的。例如，我们第一次遇到的同事、顾客、协会会员、朋友的朋友……

如何记忆

利用发音进行记忆

在一次工作会议中，为了记住工作组其他成员的名字，我们可以将对每个人的第一印象与他们的名字联系在一起：马晓娜的脸蛋红得像个红苹果，王莎很漂亮，周瑞很健谈……

有时候，我们可以通过一个熟悉的发音来帮助记忆人名。刚介绍给你的一个人可能与你认识的某个人拥有相同或相似发音的名字，或者他的姓氏让你想起某个名人或某个城市。

重复的好处

如果你忘记了某个人的名字，可以要求他再说一遍。你还可以通过将他们的名字用到对话当中来牢记他们的名字，例如，"告诉我，王洛，你对这种情况有什么看法？"）或者问问他们的名字有何渊源。当你告别同伴时，再叫一次他的名字，例如，"很高兴能认识你，雷晓西，希望日后还能见到你。"在你进行下一个对话之前，暂时停顿一下，在内心重温一下你想记起这个人的哪些事。

不断重复能够保证名字或面孔更好地"驻扎"在记忆中。因此，时常回想一下，最初回想得频繁些，随着时间的流逝再逐渐拉长回忆的间隔。这样，你会发现分散记忆和间隔回忆的效应。

线索和背景

当回想某个人的名字时，你可以尝试汇集所有你能够想到的线索，以这种方式会使你快速开启回忆之门。

首字母线索

从回想字母表的所有字母开始，来找出名字的第一个字母。尤其是外国人名，第一个字母往往能提供有利的线索。例如，"Antoine Bechart"这个人名中两个单词的第一个字母正好是字母表中最前面的那两个。

背景信息

拥有越多的关于某人及与其相识的背景信息，将越容易回想起他的名字。事实上，对背景的回忆将帮助你给这个人"定位"，例如他所从事的职业等。无论是亲属还是公众人物的名字，如果在不同的元素之间建立联系，将更容易记忆，例如将与一个人的对话内容和他的名字联系在一起。如果在阅读完一本书后，与其他人进行了讨论，这本书的作者就不会轻易被忘记。

将重要的东西归档

一旦你记牢了别人的名字和脸孔，你就需要对你在哪里遇到的他们或者是其他相关的事情进行编码。这样做可将人名与其他信息相结合。例如，我在体育馆遇到许丽文，而她却想去外面享乐。这样，我就通过想象一个瘦小的球童正搀扶着一个看上去有 100 千克重的妇女来加深对这些信息的印象，她穿着一件运动服而且很快乐。也许，这并不是最好的形象，但它却可能是容易记住的形象。

对外语的记忆

从书写到学习外语

我们基本上是从学校学会如何书写的，这方面的知识被存储在语义记忆中，我们一般是自动地运用它们。尽管如此，有时我们还是会怀疑一个字的写法或用法而去求助字典或语法书。但我们并不总是随身携带这类参考书，并且一直会产生怀疑，甚至在反复验证之后，我们也会立即就忘记了。以下的建议，不能取代专门针对成人的培训，但是能够暂时减轻我们在书写时遇到的困难。

个人的精神记号

组合法是记忆语法和书写规则的有效方法。

口头组合

你是否注意到，我们在书写一个英语单词时停下来，通常是遇到同种类型的困难：是一个"r"还是两个？是一个"t"还是两个？已有的或者自己编造的一些小句子，将有助于你在需要的时候回忆起正确的构词形态。任何词汇都可以用这种方法来记忆。

把你要记忆的词分成音节，然后创造出另外的一个词或者一个短语，它们或是听起来像你要记忆的那个词，或是从视觉上可以使你想象出要记忆的那个词。

图像组合

联系图像记忆单词也是一个很好的方式。例如，为了记住法语单词 collier（项链）和 caillou（石子）书写中的两个"l"，可以想象一条由几个小石子串成的项链。选一些图片或是图像代表你想要记住的特殊的词和字母组合，把这些图像联系在一起形成一个情节，将有助于记忆。

如何更好地掌握一门外语

当我们在学习一门外语的时候，可能感到特别困难。不过，普通的学校和专业的培训机构，都发掘了许多好的学习方法。

短小的句子胜过孤立的单词

关于记忆的研究表明，一个短小的句子不比一个单词难学。例如，句子"我想吃东西"或"我想喝茶"是同一个句型，英语是 I would like（to eat 或 some tea），西班牙语是 Me gustaria（comer 或 un te）。

在一定的时间间隔后复习

记单词或者句子可能是一件非常枯燥的事。为了提高效率，可以每隔一段时间进行重复：把需要学习的内容分成多个部分，从第一部分开始记忆；第二天先复习前一天学过的内容，再学习新的内容，如此继续下去。如果几个人一起复习，可以借助场景对话来练习。实验表明，单纯地死记硬背不如在语境中学习有效。

如何实践

经常应用对学习外语很有帮助，因此，应该增加练习的机会，特别是现场对话。听原版外文歌曲、看带或不带字幕的外文电影和电视节目，对那些已经掌握了基本语言或者概念的人会是一个很好的训练机会。而对那些刚入门的人来说，这样的

借助心理成像法学习词汇

心理成像和其他记忆技巧一样，可以帮助学习外语词汇。这一方法在20世纪60年代很流行，后来的研究也都证实了其效力，它还可以用来记忆母语的拼写。这种方法如被很好地应用，能帮助我们在短时间内记忆大量的词汇或句子。然而，在长期记忆中，这种方法并不比其他方法更优越，所以后来被语言实验室取代了——它能保证更好的效果。

传统课本和阅读一直是运用最广泛（因为被证明最有效）的学习形式，扮演着补充其他方法的角色。

练习不但不适用，还可能造成灰心、失望的结果。

单词拼写

当我们要记住一个平常容易拼错的单词的时候，一般会依赖记忆法。比如为了不把 separate 这个单词的正确拼法同常见的错误拼法 seperate 混淆，我们可以想象一支巴拉（para）装甲兵团登陆到这个词中间，把这个单词分成两个部分：se para te。

记住单词拼写的窍门在于找到单词的含义与它的构成字母之间的联系，然后运用想象和联想使单词变得更容易记忆。举几个例子："cemetery"（公墓）这个单词里面有 3 个对称的字母 e，它们像墓碑一样伸出来；把手（hand）伸进口袋掏手帕（handkerchief）……

在你见到的每个单词之中，总会找到拼写和词义之间的某种联系。

近声词

数声转换记忆法是给每一个词找一个近声数字。举个例子，门（door）的发音与数字 4（four）的发音相似，那么 4 就可以作为"门"这个词的近声词，可以帮助你记与"门"有关的信息，反之亦然。

比如说要记住去一个国际机场的 4 号登机处搭乘飞机，就可以想象自己在去机场的时候拖着一扇门，用这个简单快捷的方法可以让你顺利地抵达正确的登机处。

那么你用数字1、2、3都代表了怎样的近声词呢？下面是10个数字的一些近声词，记住这些列出来的词或者你自己设计的词语。

0（zero）→ hero（英雄）

1（one）→ gun, bun or sun（枪、小面包或者太阳）

2（two）→ shoe, glue or sue（鞋子、胶水或者起诉）

3（three）→ tree, bee or key（树木、蜜蜂或者钥匙）

4（four）→ door, sore or boar（门、炎症或者公猪）

5（five）→ hive, chive or dive（蜂巢、细香葱或者跳水）

6（six）→ sticks, bricks（树枝或者砖）

7（seven）→ heaven or Kevin（天堂或者凯文）

8（eight）→ gate, bait or weight（门、鱼饵或者重量）

9（nine）→ wine, sign or pine（酒、符号或者松树）

代用语

学习英语单词，尤其是那些字母较多的单词，往往会令初学者头痛。如果用代用语来表示这些词或句子，又会是怎样的一种情况呢？下面列举出几个句子，让我们来看一看效果。

（1）Philadelphia（费城）：

fill a dell for ya（为了 ya 而堵塞小山谷）

（2）Mississippi（密西西比河）：

Mrs Sip（西普夫人）

（3）philosophy（哲学）：

Fill a sofa（沙发上放满了东西）

（4）salmagundi（大杂烩）：

Sell my gun D（把枪卖给 D）

仅单纯记忆以上提到的 4 件事，就要花费很多的时间和精力，可是如果不用这种方法而强记原来的单词，恐怕更是困难，不仅浪费时间，而且效率不高。如果以代用语的方法来记忆，则是十分容易的事。

对历史知识的记忆

记忆历史事件

通过发挥想象，为重要的人名、年代和事件找到相应的联系物后，牢记历史事件就会简单得难以置信。这种方法能使你对史实了如指掌，把它们按年代准确排序，随时为考试论文提供论据。

我们用俄国重要事件作为例子。整个事件可以被想象为发生在附近的一个村庄。这跟你住在哪儿没有关系，你总可以找到合适的场景来安置这些历史事件。例如，附近的加油站可以用来代替彼得格勒，工人从这里开始起义。冬宫可以用乡村小屋或旅

俄国重要事件概要

时间	事件
1917 年 3 月 10 日	彼得格勒的工人开始起义。面粉、煤炭和木材短缺。严寒的天气加剧了形势的恶化。官僚无能。人民抗议旷日持久的对德战争
1917 年 3 月 12 日	起义军占领冬宫，1500 名皇家卫队投降
1917 年 3 月 16 日	沙皇尼古拉二世在其乘坐的皇家列车上签署退位书。临时政府成立，李沃夫任总理
1917 年 3 月 21 日	前沙皇和皇后被捕
1917 年 4 月 16 日	列宁从流放地瑞士秘密回国。德国人相信他会给俄国带来混乱，因此对他礼遇有加，提供了专用列车
1917 年 4 月 17 日	列宁发表"四月提纲"，要求将政权移交给工人苏维埃
1917 年 6 月 16 日	苏维埃代表大会召开，否决列宁关于布尔什维克单独统治俄国的宣言
1917 年 7 月 16 日	布尔什维克在彼得格勒发动起义。50 万人上街游行
1917 年 7 月 22 日	临时政府镇压起义。列宁乔装成消防员，逃往芬兰。克伦斯基担任俄国总理
1917 年 8 月 13 日	克伦斯基通知英国国王乔治五世，俄国继续参加对德战争
1917 年 9 月 15 日	克伦斯基宣布俄国为共和国
1917 年 9 月 17 日	俄军在里加被德军击败。里加距彼得格勒仅 560 多千米
1917 年 9 月 30 日	克伦斯基将沙皇一家转移到西伯利亚，以保护他们免受布尔什维克的攻击
1917 年 10 月 20 日	列宁回到彼得格勒
1917 年 10 月 23 日	布尔什维克通过投票，决定发动武装起义，反对克伦斯基临时政府。十月革命开始

馆代替；动作明星李连杰扮演沙皇尼古拉二世，你的偶像刘德华可以扮演列宁，当地的屠夫则可以代替约瑟夫·斯大林。

上页是俄国革命的重要事件的概要。

其中所有的这些史实都能通过想象轻易地在脑中重建出来。首先要记住年代日期，以上大多数事件都发生在1917年，你只要记住伟大的俄国十月革命发生在这一年就可以了。然后运用记忆法记忆这一年份的其他事件。比如，在你开学后的第2个星期的某一天（3月10日），附近的加油站突然起火（彼得格勒的工人开始起义），两天后（3月12日），大火烧毁了旁边的旅馆（起义军占领冬宫），给入住的旅客带来了巨大的经济损失。四天后，你所喜欢的动作明星李连杰（沙皇尼古拉二世）举行了一场赈灾慈善活动，并在开幕式上在一个列车形状的建筑上题词（沙皇尼古拉二世在其乘坐的皇家列车上签署退位书）。

在记忆事件、人物、日期时，记忆术可以发挥很大的作用。比如对于上例中克伦斯基这个名字，大可以把它想象成一个巨大客轮（比如泰坦尼克号）上的司机。

掌握历史术语

在学习历史的过程中，经常会遇到一些复杂的专业词汇。如果你不理解这些词，不要直接忽视它们，花时间查查字典。找出这些词或短语的含义后，利用联想法把它们牢牢记在脑中。

以下是几个示例。

▶ 最强大脑 ◀
拿来就用的超级记忆术

寨头政治　由一小撮人掌控政权的一种统治形式。联想"孤寡"来帮助你记忆这个词及其含义。

无政府主义　无政府主义者认为理想社会中不应该存在任何形式的政府组织。

极权主义者　这些人希望建立由单一权威控制一切事物的政府，不允许有任何反对的声音。

独裁政府　与专制主义类似，这也是由一个人独掌大权的政府。独裁者通过自己的权力来进行统治。

立法机关　制定法律的实体机构，拥有立法权。可以通过"法律"这个词来记忆。

司法机关　负责审判的实体机构，由法院体系组成。只要想一想法官，你就会马上记住这个词。

反动分子　试图使政治环境倒退回以前状态的人。可以想象一个一天到晚反对任何改变的人，比如你的外祖父。

重要的历史日期

记忆随机抽取的历史日期的确是有点麻烦。不过如果你把数字转换为人物和动作，并把这些人物和动作跟事件联系起来，那么要把一长串历史日期存入你的记忆库也不见得是太困难的事情——比如下面这个世界历史的重要事件列表。

1170 年　托马斯·贝克特被谋杀

1215 年　签署《大宪章》

1415 年　阿金库尔战役

1455 年　玫瑰战争

1492 年　哥伦布发现北美洲

1642 年　英国内战爆发

1666 年　伦敦大火

1773 年　波士顿倾茶事件

1776 年　《独立宣言》（美国）

1789 年　攻占巴士底狱

1805 年　特拉法尔加战役

1914 年　第一次世界大战爆发

1939 年　第二次世界大战爆发

1949 年　北大西洋公约组织成立

1956 年　苏伊士危机

1963 年　约翰·肯尼迪被暗杀

1969 年　人类首次登月

1991 年　海湾战争

通过下面几个例子你可以看到，把日期带进生活是一件很简单的事情。

1170 年，圣托马斯·贝克特在和亨利二世大吵一架后，被谋杀在坎特伯雷大教堂。为了记住这个年份和事件，你可以想象贝克特在 70 号祭坛祈祷时，舒马赫兄弟驾驶着两辆 F1 赛车撞死了他。头两位数字是两辆 F1 赛车（11）。

1455 年，玫瑰战争是约克派和兰开斯特派为争夺王位和统治权进行的斗争。你可以想象一幅奇异的合成图景：14 岁的约克镇小子泰森，嘴里叼着一支硕大的红玫瑰第一次冲进拳击场。55 场比赛以后，为了争夺拳坛的统治地位，他嘴里的红玫瑰变成了来自兰开斯特的卫冕拳王霍利菲尔德的耳朵。

1991 年的海湾战争，你完全可以想象 19 岁时，在一个叫作海湾的大酒店里参加祖父 91 岁的生日晚会。你们曾经燃放了大量的烟花爆竹。

运用简单的联想，这样一来就可以像上演有趣的新编历史剧一样，给历史事件增添活力，历史也将不再是一门枯燥的课程。

记住数字和数学定义

数字记忆

数字记忆的困难

不管你学的是什么科目，到一定时候总会需要记忆某种形式的数字。要是我们不需要去操心那些数据、公式、方程、金额和经济统计数，那学习生涯不知道会有多美妙。好像有人故意将这些数字时不时地摆到我们面前，企图拖我们后腿，妨碍我们学习。可是没有了它们，我们的生活又会是一团糟。数字无处不在，信用卡、电话号码、作息时间表、考试成绩……所有的东西都被量化估算，也正因此，对数字的记忆能力必不可少。

记数的困难之处在于，单独的数字所包含的意义非常有限。像 13，10，79，82 这样一串数列完全不适合记忆。但如果有人告诉你它们代表你未来 4 年所能继承的财产，整个数列马上就会变得有声有色。

数形结合法

如果你喜欢通过图像而不是词语来思考，那么你会发现下面这个方法更适合你。数形结合法与数字韵法类似，区别在于数形结合法为数字创建的关键联系物是数字的形状。例如，数字 7 会让你想到什么？悬崖的边缘还是回旋标？再比如，数字 4 可以是小帆船，2 则是天鹅。现在试着为 1 到 10 创建一个新的列表，如果你想不出来，也可以从下面选择。

1. 蜡烛，长竿

2. 天鹅，蛇

3. 手铐，嘴唇

4. 帆船，旗帜

5. 挂钩，海马

6. 象鼻，锤子

7. 回旋标，跳水板

8. 女模特

9. 气球，单片眼镜

10. 棍子和绳圈

不管信息多么隐晦或者琐碎，用这种方法你都可以非常有效地对其进行大量记忆。

数学定义及其他

数学定义

像其他学科一样，数学也有其特定的术语。要用简单方法来帮助自己记住它们其实也很轻松。以下是几个例子。

等边三角形　所有边和角都相等的三角形。

等腰三角形　两边和两内角相等。等腰，就是一边例外。

锐角　小于 90 度的角。你可以想象一只可爱的小猫。

钝角　在 90 度到 180 度之间的角。想象它比直角还要大。

商　数字的商是相除的结果。想象家人商量瓜分遗产后给你留下的部分。

有理数和无理数　有理数是能用小数或比值来表达的数字，比如 1/2，3/4，0.8，17/2。而无理数则不能用这两者表示。例如 $\pi=3.1415926\cdots\cdots$ π（圆周率）已经被精确到小数点后几百万位，至今还未发现能够精确描述它的方法。

心算

现在的数学教学已经被大大改进，强调的是问题的解决能力、实际的调查能力，以及运算的方法。尽管如此，学生们仍然不可避免地需要学会不借助计算器进行加、减、乘、除。其实，只要你掌握了心算技巧，运算也会变得很容易。我们看一个乘法的例子。

$633 \times 11 = ?$

第1步，将633的最后一位数字抄下来作为答案的右端数字：3

第2步，将633中接下来的每一位数字都加上它右边相邻的数字，3加3等于6，6加3等于9。按顺序写在答案右端数字的左边：963

第3步，633中的第1位数字6作为答案的左端数字：6963

最后结果：6963

另外，也可以运用如下的方法进行心算。

（1）写下被乘数。 633

（2）在被乘数下方左移一位再次写下被乘数。 633

（3）相加求和。 6963

只要花一点时间练习，就能够在头脑里映射出每一种运算的心算方法，这样便可以更快捷地进行数字的其他运算。

对化学术语和化学元素的记忆

如何记忆化学术语

在研究像化学这样的学科时，你在考试前必定得花大量复习时间，才能正确地记住课堂上讲述的术语。而麻烦之处就在于你遇到的这些术语本身并不适合记忆。

但是只要加入一点创造性思维，你很快就能学会化学术语。方法其实很简单，只要你在脑中为接触到的每个技术术语创造方便记忆的图像就行了。

你可以分出一小部分复习时间（不会太久的），为考试中将要遇到的关键术语制作一张助记表。

几个例子可以使你快速进入状态。

元素　元素仅包含单一的原子。它们不能通过化学手段分解为更简单的物质。想想福尔摩斯的著名台词："这是最基本的，我亲爱的华生。"也就是，没有比这更单纯的了。

化合物　这些是含有多种原子的物质，它们通过化学方法组合起来。化合物可以通过化学手段分解为更简单的物质。你可以想象由多种动物组成的动物园。

酸　酸能把蓝色石蕊试纸变红：你可以把它想象成警察，让这些"蓝制服小子"因为愤怒而满脸发红；酸味道发酸：想象一下醋（乙酸）的味道。酸与金属反应可生成盐：在脑中勾画这样一个场景，重金属乐队在"酸屋派对"中化为一堆盐雕。酸可中和碱：低音吉他声音的中和效果。

合金　合金是两种或两种以上的不同金属通过熔解混合后凝固而组成的。例如黄铜，由铜和锌所组成。可以想象盟军汇合并开始构建坚固的防线。

潮解　这是物质从空气中吸收水分并溶解为溶液的过程。作为提醒，你可以想象你走进冷饮店，看到一个柠檬雪糕因放在空气中太久而化为水。

风化　这是晶体在空气中化为细粉，或盐在物体表面结晶的过程。可以想象一条污水渠中漂浮着溶化后的去污晶体，水渠逐渐干燥后晶体碎为细粉。

放热反应　这是能以热能形式释放能量的反应。想象能量或者热量溢出。

吸热反应　一种会吸收热量来获得能量的反应。想象热能的进入。

同素异形体　同素异形体是单种元素所能形成的多种形态中的一种。比如碳，有多种完全不同的同素异形体形式，包括石墨和钻石等。可以想象用一条绳子摆出各种形状。

这些例子很好地说明了在遇到无明显联系的词组或短语时，如何创建一个独特的联想。

元素及其符号

了解元素符号，对于学习化学是非常重要的。原子量和元素所属族是理解整个化学学科的基础。我们一般是通过一段时间的反复背诵和熟悉来记住元素符号及其所代表的元素的，找出化学符号与其含义之间的关系是学习化学符号最简便的方法。

举例来说，要记住 Sn 是锡的元素符号，可以想象漫画英雄丁丁和他最忠诚的狗雪白（snow）。要把铅及其元素符号 Pb 联系起来，你可以试着想想一根铅笔可以两头同时使用（p 翻转过来为 b）。

　　钨的元素符号是 W，这来源于一种含钨矿石：钨铁矿。因此你可以想想一群在地下挖煤的矿工，想到"挖"的动作，就会想到"W"。

　　金及其元素符号 Au 又该怎么联系起来呢？试试看这个怎么样。每当看见金子，人们总是喜欢发出"啊哟（A–U）"的声音。

　　如果你在记忆元素符号时遇到困难，用这种方法肯定可以轻松解决。

全方位激活大脑潜能